AF239140

Reisen sind nichts anderes als gelebte Träume

(von mir selbst)

Frank Hanten

Selbstmorderfolg

Ein ultimativer Ratgeber

© 2005 Frank Hanten
Herstellung und Verlag: Books on Demand GmbH, Norderstedt
Umschlaggestaltung, Satz und Layout: Frank Hanten
ISBN: 3-8334-3338-8

Inhaltsverzeichnis

Teil 1 – Nichtigkeiten

Dem einen oder anderen mag mein „Werk" sowohl inhaltlich als auch stilistisch wie die Ausgeburt eines geistig Unterbelichteten erscheinen. Vielleicht ist das auch wirklich so. Ich habe mir darüber nie meine Gedanken gemacht und habe es auch für die Zukunft nicht vor. Auf der anderen Seite mutet das „Werk" – was die Gestaltung bzw. den Aufbau anbetrifft – schon ein bisschen wie eine Art Diplom-Arbeit an. Die Art und Weise des Inhaltsverzeichnisses ähnelt diesem schon recht stark. Aber da es ja als ein „Ratgeber" gedacht ist, habe ich es letztendlich auch deshalb so konzipiert. Da auch diejenigen, die das Zeug zum Vorbild für mich gehabt hätten, mir definitiv keine Tipps mehr über all das geben konnten.

Das Leben ist ein Jammertal

Leben, tja, Leben, was ist das schon. Oder was macht es lebenswert? Wahrscheinlich bist Du auch so ein Individuum, das Tag für Tag den gleichen Scheiß machen muss? Armes Schwein. Sorry, aber nicht anders kann man Dich nennen. Seid ehrlich, euer Leben ist schon ein Jammertal. Und? Fühlst du dich nicht auch abgeschlafft, ausgelaugt, total fertig, schlicht und einfach völlig überflüssig? Hast du von Dir selbst nicht auch die Meinung, dass du der letzte Abschaum bist und auf Erden nun wirklich absolut nichts mehr zu suchen hast? Wenn du Dich jetzt angesprochen fühlst und du Dir diese Fragen mit ja beantworten kannst, dann hast du jetzt aber verdammt viel Glück gehabt, denn endlich ist er da, der kleine Ratgeber für die Fertigen in unserer Gesellschaft. Das richtige Buch für Kaputte, Säufer, Melancholiker, Schizophrene, Psychopathen, Depressive und sonstige Schwachsinnige und Loser, kurz,

für den genetischen Müll unserer Gesellschaft!

Aber es sind auch Leute angesprochen, die auf den ersten Blick - aber wirklich auch nur auf den ersten Blick - noch relativ normal aussehen bzw. erscheinen, in Wirklichkeit jedoch eine Mischung aus Charlie Brown, Donald Duck, Mr. Bean und Al

Bundy sind. Okay, das ganze ist vielleicht nicht wirklich ganz ernst gemeint, aber jeder Mensch, dessen Urteilsfähigkeit nicht wegen Realitätsverlust deutlich eingeschränkt ist (auf gut Deutsch, er ist nicht völlig blöd!), hat definitiv das Recht, eigenverantwortlich über das Leben und somit natürlich auch über sein Ende bzw. über die Art und Weise wie es denn beendet werden soll frei zu entscheiden. Es ist eine kleine, vielleicht Richtungsweisende Anleitung, wie ihr dieser bösen, bösen Welt entfliehen und euch (und natürlich auch uns) einen riesigen Gefallen tun kennt. Nämlich indem ihr endlich verschwindet! Aber natürlich ist alles nicht so einfach, wie es auf den ersten Blick aussieht (und für viele von euch ganz bestimmt nicht). Da die meisten von euch bisher ja auch noch nichts geregelt bekommen haben, könnte das, ohne ein paar vollkommen uneigennützige Tipps von mir, natürlich wieder "etwas" schwierig werden. Aber ihr wollt es doch schließlich "richtig" machen. Denn ihr kennt sie doch alle, die Folgen eines Selbstmords, wenn man sich das Gehirn (falls vorhanden) herausbläst, sich die Pulsadern (in der Regel falsch) aufschneidet, aus dem Fenster oder vor einen fahrenden Zug springt:

eine einzige Sauerei!

Igitt, aber das muss nicht sein (es sei denn Ihr steht darauf), denn es gibt ja doch eine ganze Anzahl schöner und sauberer Methoden, wie ihr auch nachher noch wirklich so richtig toll ausseht (es sei denn, ihr möchtet jemand mit eurem Anblick schockieren. Was vielen von euch allerdings auch schon zu Lebzeiten wohl regelmäßig gelungen ist).

Die „du" bzw. „ihr" Form

Ich werde während des ganzen Buches die persönliche Anrede verwenden, da ja eine spezielle Zielgruppe (und deren Fans) angesprochen werden sollen. Wen diese zugegebenermaßen etwas eigentümliche und auch eigenwillige Form stört (was mich allerdings nicht die Bohne interessiert), der hat leider Pech gehabt. Des Weiteren werde ich mich einer recht einfachen Sprache bedienen, alte und neue Rechtschreibung vermischen, damit auch wirklich der Allerdümmste versteht, was ich meine. Na ja, und ganz ehrlich, ich könnte es auch gar nicht besser. Hin und wieder neige ich leider zu kleinen Begriffen aus dem Bereich der Fäkalsprache. Ich bitte, dies im Voraus zu entschuldigen.

Liebe Zielgruppe

Liebe Zielgruppe, als freundlicher Mensch komme ich nicht umhin, euch mal kurz persönlich anzusprechen. Wer seid ihr denn nun? Oder wer solltet ihr sein? Da bin ich vollkommen flexibel. Trotz der von mir gewählten „du-Form" sollen natürlich nicht nur die potentiellen Selbstmordkandidaten angesprochen werden. Also im Klartext: Zielgruppe für diese Lücke der Literatur sind nicht nur die geistig und seelisch Röchelnden in unserer Gesellschaft. Nein, gerade auch für Zyniker, Sadisten, Freunde des schwarzen Humors oder einfach auch nur kleine Spaßvögel ist diese kleine Schwarte vielleicht mal ein nette kleine Abwechslung im drögen Alltag. Also, herzlich willkommen auf meinen Seiten.

Warum ich dieses Buch schreibe

Da gibt es eine ganze Reihe von Gründen mit völlig unterschiedlichen Betrachtungsweisen. Nach einem längeren Denkprozess blieben insgesamt zwei Versionen übrig, von denen ihr euch eine aussuchen könnt:

Version 1:
So genau weiß ich das eigentlich selbst nicht. Vielleicht, weil mir kein anderes Thema eingefallen ist und/oder ich schlicht und einfach unfähig bin, ein „richtiges" Buch zu schreiben. Oder aus Langeweile. Oder weil ich mir selbst etwas beweisen wollte.

Version 2:
Natürlich aus reiner Nächstenliebe. Viele sind in dieser speziellen Situation völlig alleine und von der Gesellschaft sich

selbst überlassen worden. Ratgeber gibt es da viele, über Blumen, die Frisur, schöne Fingernägel und so weiter und so fort. Aber einen speziellen Ratgeber nur für euch? Bisher Fehlanzeige. Daher habe ich die Bürde und auch die Verantwortung übernommen, meinem inneren Drang nachgegeben und da geholfen, wo geholfen werden muss. Ein reiner Akt der Nächstenliebe sozusagen. Das Ergebnis ist dieses Buch – nur für euch!

Über mich

Eigentlich wollte ich dass ganze unter einem Pseudonym veröffentlichen, denn mein Name tut nichts zur Sache. Kennen würden Ihn die meisten ja ohnehin nicht. Liegt daran, dass ich – wie die meisten anderen Mitmenschen auf Erden auch – eigentlich ein Niemand bin (Nein, ich brauche jetzt keinen Seelenklempner, weil ich mich gerade als „Niemand" bezeichnet habe. Das ist nur meine Art von Bescheidenheit). Oder ich bin halt eher unbekannt. Sucht es euch aus. Ich habe aber doch noch meine Meinung geändert, da ich eigentlich beim besten Willen keinen Bock habe, mich hinter einem Pseudonym zu verstecken. Dennoch, wer ich bin und was ich bin, oder was mich zu dem Menschen gemacht hat, der derartige Gedankengänge niederschreibt, das werdet ihr wohl nie erfahren. Wenn es denn überhaupt jemanden interessieren sollte. Abgesehen davon, selbst wenn ihr es wüsstet, was wüsstet ihr denn dann? Also tut euch selber einen Gefallen und verschwendet keine Gedanken an mich. Es wäre nur Zeitverschendung. Das eben geschriebene gilt auch für mein Motiv oder gar meine Motive, so ich denn jemals eines oder welche hatte. Damit meine ich übrigens die, dass Buch zu schreiben, nicht die, mich umzubringen. Oder es dann doch nicht zu tun. Denn ein Mensch von ad hoc Entscheidungen kann ich ja wohl kaum sein, habe ich doch genügend Zeit gehabt, meine Gedankengänge in Sätze zu formulieren. Ob ich es denn nun jetzt endlich „getan" habe, wenn ihr jetzt diese Zeilen lest: keine Ahnung. Auch das werdet ihr leider genauso wenig erfahren. So. Obwohl mir die Fähigkeit des Schreibens nun wahrlich nicht in die Wiege gelegt wurde (wie Ihr unschwer beim Lesen dieser Lektüre feststellen werdet), versuche ich mich hiermit doch mal als Schriftsteller (na ja, zumindest als so eine Art...). Neben meiner nun wahrlich recht Zweifelhaften Begabung zu schreiben kommt noch meine geradezu erschreckende Fantasielosigkeit, woran auch schon mehrere Versuche, irgendein anderes Buch zu schreiben, geradezu kläglich gescheitert sind. Tja, dann lasst euch mal überraschen.

Ein literarischer deutscher Ed Wood?

Ed Wood, mit vollem Namen Edward D. Wood jr., * 10. Oktober 1924 in Poughkeespsie, irgendwo in New York; † 10. Dezember 1978 in Hollywood, war ein amerikanischer Filmregisseur zahlreicher B-Movies. Er wurde nachträglich mit dem Titel *„schlechtester Regisseur aller Zeiten"* geehrt. Ed Wood träumte wie viele andere auch von einer großen Karriere in Hollywood. Doch fehlten ihm zu allen Zeiten zwei wesentliche Voraussetzungen dafür:

1. finanzielle Mittel

und

2. Talent.

Ed Wood starb letztendlich völlig vereinsamt und verarmt als Säufer, na gut Alkoholkranker, mit 56 in Hollywood. Ein Schicksal, dass mir hoffentlich erspart bleibt. In Hollywood zu sterben, meine ich natürlich. Dennoch gibt es einen entscheidenden Unterschied zwischen Ed Wood und mir: er sah sich selbst als Künstler, der einfach nur missverstanden wurde. Ich selbst sehe mich wahrlich nicht als literarisches Genie, mehr so eine Art von literarischem Ed Wood. Mit dem einzigen, aber entscheidenden Unterschied, dass ich genau weiß, dass ich ein schlechter Schreiberling bin. Ob ich also nun literarisch gesehen der deutsche Ed Wood bin oder auch nicht, auch dies sei dem Leser überlassen. Vielleicht tue ich mir selbst in diesem Zusammenhang ja auch einfach nur zu viel der Ehre an. Die Pa-

rallele mit Ed Wood ist mir halt eben so eingefallen. Ich kann da jetzt auch nichts dafür.
Nebenbei erwähnt: es gibt einen hervorragenden Film über Ed Wood mit Johann Doof (Jonny Depp) in der Hauptrolle.

Inhalt und Aufbau

Wie gerade schon erwähnt, ist das schreiben mir nicht gerade in die Wiege gelegt worden. Was mich aber definitiv nicht davon abhält, es dennoch mal zu versuchen. Schließlich gibt es unendlich viele Schreiberlinge, die es ja ohnehin auch besser gelassen hätten. Warum soll ich nicht auch noch meinen Senf dazugeben? Hat außerdem so etwas (Pseudo-) Intellektuelles, wenn man sagen kann:

„Ich habe gerade ein Buch geschrieben."

Tja, der Inhalt, oder besser gesagt der Aufbau des Buches mag dem einen oder anderen vielleicht etwas wirr erscheinen (wahrscheinlich ist es auch tatsächlich etwas wirr), aber dazu nun einige erklärende Erläuterungen.

Die 6 Teile

Ursprünglich, genauer wie bei J. R. R. Tolkiens „Herr der Ringe", war auch dieses grandiose Machwerk ursprünglich von mir in drei Teile unterteilt worden, in einen allgemeinen, speziellen und in einen abschließenden Teil. Gut, es ist vielleicht ein wenig anmaßend (aber auch nur ein wenig!), mich in einem Namen mit Tolkien zu nennen, aber es waren nun einmal, wie gesagt, wie bei Tolkien drei Teile, und da habe ich ja wohl noch das Recht darauf hinweisen zu dürfen. Nun habe ich allerdings meine Meinung, nachdem ich mir Nächte und Nächte intensivster Überlegungen um die Ohren gehauen habe, geändert, und mein Werk in sechs Teile gegliedert. Die Einteilung in sechs Teile bzw. Abschnitte hat den einfachen Grund, dass es nun einmal zwar um zusammenhängende, aber letztendlich doch vollkommen unterschiedliche Teile handelt. So ist es für den Leser einfach. Er kann entweder alles Lesen oder sich individuell seine Schwerpunkte setzen. Außerdem reicht es irgendwie im Gegensatz zu Tolkien – was den Umfang anbetrifft – nicht zu drei Büchern. Nur, schließlich habe ich mir ja auch nicht 17 Jahre (oder hat Tolkien nicht sogar noch länger am Herrn der Ringe geschrieben?) damit Zeit gelassen. Insgesamt versuche ich, alles in eine Art chronologische Reihenfolge zu bringen. Zuerst macht ihr euch ja Gedanken über den Selbstmord schlechthin. Gründe, Motive, halt das warum, weshalb, wieso. Dann denkt ihr über die Art und Weise nach. Schließlich und endlich dann noch über das, was nach euch kommt. Muss ja schließlich nicht immer die Sintflut sein. Das ist mehr oder weniger die Grundlage bzw. Basis. Ein bisschen genauer sieht das folgendermaßen aus: Der erste Teil beschäftigt sich eigentlich mehr oder weniger nur mit selbstverliebtem Bla Bla. Der zweite Teil befasst sich mit dem Selbstmord als solchen und ergibt sich teilweise in pseudointellektuelles Geschwafel. Muss man ohne Zweifel nicht haben, aber ich wollte auch nicht gleich mir der Axt ins Haus fallen. Der dritte Teil sind ein paar mehr oder weniger bekannte Prominente, die hier beispielhaft vorgestellt werden. Der vierte Teil sind gedankliche Vorbereitungen, die man so kurz vor dem finalen Ende hat (oder haben sollte). Der vierte Teil geht dann schließlich ans Eingemachte. Hier mache ich ein paar Vorschläge und gehe mehr oder weniger intensiv auf die unterschiedlichen Praktiken ein. Der sechste und letzte Teil geht auf das „danach" ein und gibt u. a. weise Ratschläge im Hinblick auf den Umgang mit Dritten. Hört sich ja schon fast mysteriös an. Lest es halt. Dann wisst ihr, was ich meine bzw. auf was ich hinaus will.

Was dieses Buch nicht sein soll

Wie unschwer zu erkennen, handelt es sich hier nicht um eine wissenschaftliche Untersuchung zum Thema Selbstmord. Auch handelt es sich hier nicht um Psychologen- und/oder neunmalkluges Soziologengeschwätz zu dem Thema. In diesem Werk werden weder die Ursachen des Selbstmords, d. h. z. B. materielle (Klima, Jahreszeit, Winde), physiologische (Krankheiten, Alter, Geschlecht), soziale (Population, Ehe- und Familienleben, Witwenschaft, Scheidung, uneheliche Kinder, Beruf), politische und wirtschaftliche Ursachen eine Rolle spielen. Diese werden – der Ordnung halber – z. T. zwar erwähnt, aber nicht näher erläutert. Zum einen ist dies schon so oft von zahllosen Gebildeten (und noch mehr von weniger Gebildeten) bis zum Erbrechen durchgekaut worden, so dass hier beim besten Willen nicht die Notwendigkeit bestand, zum millionsten Male darüber zu schreiben, und zum anderen interessiert mich diese Betrachtungsweise gelinde gesagt auch nicht die Bohne. Außerdem war es meiner Meinung nach - auch wenn die keinen Interessiert - an der Zeit, dass etwas „anderes" über Selbstmord in die Bücherregale kommt.

Teil 2 – Definitionen

Na also. Jetzt hat der Dummschreiber endlich den Dreh bekommen. Nach dem mehr als nur ausführlichen Vorwort geht es jetzt nun los. Ein Dreizeiler muss da als Einleitung reichen.

Bisschen was über den Selbstmord

Keine Angst, auch hier soll jetzt nun wahrlich keine Soziologische Studie wiedergegeben werden. Ich schreibe auch hier nur, was mir gerade so durch den Kopf geht. Also, auch dies wird nur ein recht kurzer Absatz.

Irgendwie klingt sicherlich klingt dies alles ein wenig zynisch, aber hat nicht jeder das Recht auf eine freie Meinung und einen freien Willen? Oder kann es irgend jemand einem Todkranken übel nehmen, dass er sich umbringt und friedlich stirbt, weil er nicht langsam und qualvoll verrecken will? Welcher Tod ist der Würdevollere?

Die einzige Gewissheit, die der Mensch im Leben hat, ist der Tod!

Jeder Mensch, der zu einer Selbstreflexion fähig ist, hat definitiv ein Recht auf Selbstmord!

Ich sehe sie natürlich schon alle vor mir, die selbsternannten Moralapostel, Gutmenschen, Weltverbesserer usw., die hier wieder eine Ausgeburt von Dekadenz und den Niedergang sehen. Es sind die Menschen, die immer glauben, anderen Menschen vorschreiben zu müssen was sie zu denken und zu fühlen haben. Es sind diejenigen, die, um auch mal ihr Lieblingswort zu benutzen, immer gleich "betroffen" sind. Das man sie allerdings wiederum nie um Rat, geschweige denn um eine Tat gefragt hat, entgeht diesen neunmalklugen dabei geflissentlich.

Nur, niemand bringt sich um oder erst recht um, wenn er (oder sie) dieses Buch liest. Es sei denn, er oder sie findet dieses Buch so Grottenschlecht, das in einer Art Paniksituation die Flucht nach vorn angetreten wird.

Der Selbstmord ist in unserer Gesellschaft, und nicht nur dort, sondern auch in allen anderen Gesellschaften, in allen Systemen, Epochen, in Vergangenheit, der Gegenwart und natürlich auch in der Zukunft, ein Phänomen, das nun einmal vorhanden ist und nicht einfach hinweggeleugnet werden kann. Es ist ein Tabuthema, über das man nicht gerne, wenn überhaupt, spricht.

Der Mensch ist das einzige Lebewesen, welchem es möglich ist, sich selbst den Tod zu geben. Oder habt Ihr vielleicht schon jemals gehört, dass ein Dackel, Fisch oder Wellensittich sich selbst umgebracht hat? Das Tier kennt, soviel man bis heute weiß, den Selbstmord nicht. Dabei muss man sich allerdings (oder besser gesagt der Fachwelt) die Frage stellen, ob denn der Hund, der nach dem Ableben seines Herrchens die Nahrung verweigert, denn nicht auch – im übertragenen Sinne - ein Selbstmörder ist? Ist ein selbstzerstörerischer Wille oder gar Wunsch nicht bei vielen, sowohl beabsichtigt als auch unbeabsichtigt, z. B. bei Rauchern (sehr Empfehlenswert nach einem Herzinfarkt), chronischen Alkoholikern oder Tablettensüchtigen vorhanden? Der Alkoholsüchtige säuft sich zu Tode. Aber kann man ihn deshalb zu einem Selbstmörder zählen?

Da es sich bei "Selbstmord" meiner Meinung nach um eine freiwillige Handlung, nämlich um ein freiwilliges Ausscheiden aus dem Leben geht, handelt es sich also nicht um einen Mord. Deshalb halte ich mich im weiteren Verlauf an "Selbstmord". Wenn die anderen Begriffe wie Freitod oder Suizid nichtsdestotrotz doch irgendwann im Verlaufe des Textes auftauchen sollten, habe ich es halt mal vergessen.

Kurze Definition von Selbstmord

Selbstmord, Suizid oder auch Freitod ist die gewaltsame Vernichtung des eigenen Lebens. Der Selbstmord ist das Wissen um die Möglichkeit, sich dem Leben zu widersetzen. Häufig stellt er eine Form der psychischen Nichtakzeptierung einer bestimmten Lebensform dar, die entweder zu wenig Befriedigung mit sich brachte oder überhaupt keine enthielt. Hinsichtlich der Häufigkeit des Selbstmords zeigen sich dabei bestimmte Normen:

- Männer bringen sich häufiger um als Frauen (u. a. weil viele Frauen ihre Männer, sowohl geistig als auch finanziell, in den Ruin getrieben haben.)
- ältere Menschen häufiger als jüngere (was allerdings wiederum recht gut für unsere schwächelnde Rentenkasse ist)
- gebildete häufiger als ungebildete (wahrscheinlich, weil die "ungebildeten" oftmals auch dies nicht geregelt bekommen. Und überhaupt: „ungebildete"! Eine nun wahrlich tolle „political correctness" Bezeichnung für geistig Unterbelichtete)
- und in den Städten häufiger als auf dem Lande (vielleicht weil die Bauern genauso bräsig sind wie die "ungebildeten"?)

Diese Beobachtung hat zu der Erkenntnis geführt, dass der Selbstmord, so gewiss in jedem Fall ein persönliches Motiv für ihn bestimmend ist, wesentlich von den gesellschaftlichen und kulturellen Verhältnissen bedingt ist. So ist der Hauptgrund für das Anwachsen des Selbstmords in der Lockerung der persönlichen, übersehbaren Bindungen und im Abstraktwerden der gesellschaftlichen Ordnungen zu sehen. Zeiten (darunter auch

Notzeiten), in der die Energie des Menschen stark beansprucht wird, zeigen oft ein Nachlassen, dagegen Verwirrungen des sozialen Gefüges zumeist ein Anwachsen der Selbstmord-Ziffern.

Rechtliche Situation des Selbstmords - Historie

In der Antike wurde der Selbstmord aus der Sicht des Strafrechts unterschiedlich beurteilt. Die griechische Gesetzgebung sah die Strafbarkeit des Selbstmordversuchs vor. Das alte Rom war da toleranter, allerdings mit einer Ausnahme: beging ein Angeklagter Selbstmord, so beschlagnahmte man sein ganzes hinterlassenes Vermögen. Im römischen recht hielt man sogar den Selbstmord für zulässig, wenn er eine Folge von Gebrechlichkeit, Schmerz, Krankheit oder einer anderen Ursache (Generalklausel) war. Insoweit wurden insbesondere Lebensmüdigkeit, Geisteskrankheit und Furcht vor Schande als berechtigt angesehen. Im mittelalterlichen England findet man das älteste weltliche Gesetz, das den Selbstmord verurteilte. Im Jahre 1000 bezeichnete man einen Selbstmörder als einen Verbrecher sich selbst gegenüber. Sowohl mittelalterliche als auch neuzeitliche Gesetzgebungen sahen strenge Strafen für Selbstmörder vor. Der sog. Kodex Theresiana lässt die Leiche eines Selbstmörders zum Feuertod verurteilen, rädern oder hängen. Der sog. Kodex Josephina sieht im Falle eines Selbstmordversuches eine Gefängnisstrafe für den Schuldigen für solange Zeit vor, bis er Reue zeigt und eine Besserung zu erwarten ist. Es gibt gegenwärtig nur wenige Staaten, deren Strafgesetzbücher keinerlei Regelung über den Selbstmord enthalten. Dies sind insbesondere Belgien, Frankreich, Finnland, Luxemburg und auch Deutschland. Sowohl das deutsche als auch das Österreichische StGB kennen für Selbstmord, den Selbstmordversuch, für Anstiftung und Beihilfe keine Bestrafung. Dagegen kann die Bestimmung eines willenlosen zum Selbstmord als mittelbare Tötung strafbar sein.

Juristische Betrachtung

In Deutschland ist der Selbstmord definitiv straffrei. Somit sind auch der Versuch und die Teilnahme (d. h. Beihilfe und / oder Anstiftung) grundsätzlich straffrei. Dabei gilt jedoch, dass die Anstiftung eines Schuldunfähigen oder die Anstiftung mittels einer Täuschung zur Tötung in mittelbarer Täterschaft (siehe dazu § 25 Abs. 2 StGB) führen. Wer aufgrund seiner Garantenstellung (der Garant ist eine Person, der für eine bestimmte Rechtspflicht einzustehen hat. Sie verpflichtet zu einem positiven Tun. Mit freundlichen Grüßen: der „Schriftsteller") verpflichtet ist (z. B. Angehörige, Ärzte etc.), eine Selbsttötung zu verhindern, kann bestraft werden, wenn die Handlung, zu der er rechtlich verpflichtet ist, unterlässt. Der Gehilfe kann, wenn er, nach dem der Täter die Tatherrschaft verloren hat (z. B. weil er bewusstlos, aber noch nicht tot ist), keine Hilfe leistet, ebenfalls wegen Unterlassen der Hilfeleistung nach § 323c StGB bestraft werden, da der Selbstmordversuch einen Unglücksfall im Sinne des § 323c StGB darstellt.

Oder einfacher gesagt:

Selbstmord ist nur dann strafbar, wenn jemand verpflichtet ist, einen anderen an der Selbsttötung zu hindern. Eine solche Garantenstellung haben z. B. Angehörige oder Krankenpfleger. Der Selbstmord ist weder durch Grundrecht garantiert noch rechtlich verboten.

Erweiterter Selbstmord

Mit erweitertem Selbstmord werden Handlungen bezeichnet, bei denen einen Person zunächst eine oder mehrere Personen seines Nahbereichs und sich dann zuletzt selbst tötet. Zu beachten ist, dass der erweiterte Selbstmord zumeist von Männern begangen wird. Das „Phänomen", wenn man es denn so nennen kann, wird bei Familien beobachtet, bei denen in der Regel der Mann vor seinem Selbstmord sowohl die Kinder als auch die Ehefrau tötet (na ja, oftmals kann man den Mann da ja schon verstehen). Kriminalistisch ist dieser Aspekt vom Mord an einer Familie zu unterscheiden. Vieles spricht dann für einen erweiterten Selbstmord, wenn die Tatwaffe in der Nähe der zuletzt getöteten Person gefunden wird. Der erweiterte Selbstmord ist in der Regel durch wirtschaftliche Schwierigkeiten motiviert, bei denen der Selbstmörder sich bewusst wird, dass bei seiner Selbsttötung die Verbindlichkeiten oder sein Erbe auf die Erben übergehen. Der versuchte erweiterte Selbstmord, bei dem die abschließende Selbsttötungshandlung fehlschlägt (wenn die Menschen dieses Buch NICHT gelesen haben, z. B.!), ist im Gegensatz zum reinen Selbstmord nicht straffrei hinsichtlich der Tötung der übrigen Personen.

Die Versicherung

Wenn Ihr eine Versicherung abgeschlossen habt oder gedenkt, es noch zu tun, solltet Ihr einige Punkte berücksichtigen. Stirbt eine versicherte Person, so ist in der Lebensversicherung die im Vertrag vereinbarte Versicherungssumme fällig. Die Todesursache spielt keine Rolle. Obwohl der Selbstmord also mitversichert ist, gibt es hier einige **Leistungseinschränkungen:** Die Versicherungsgesellschaft leistet nur dann die gesamte Versicherungssumme,

- wenn die Selbsttötung nach Ablauf von drei Jahren seit Zahlung des Einlösungsbetrages oder seit Wiederherstellung der Versicherung geschieht oder
- vor Ablauf von drei Jahren, wenn die versicherte Person die Selbsttötung in einem die freie Willensbildung ausschließendem Zustand krankhafter Störung der Geistestätigkeit vollzogen hat.

Ansonsten erhalten die Bezugsberechtigten nur die bis zu diesem Zeitpunkt eingezahlten Beiträge ausgezahlt.

Werden **Dritte** im Zusammenhang mit einem versuchten oder vollendeten Selbstmord unbeabsichtigt geschädigt, so hat beispielsweise die Privathaftpflichtversicherung nach der jüngsten

Entscheidung des Bundesgerichtshofes (BGH 25.06.1997 - IV ZR 269/96) für die grundsätzlich durch diese Versicherung gedeckten Schäden einzustehen. Es ist nicht zulässig, dass der Versicherer den Versicherungsschutz mit Verweis darauf ablehnt, dass sich durch den Selbstmord(versuch) keine "Gefahr des täglichen Lebens" verwirklicht habe oder dass es sich dabei um eine vom Versicherungsschutz ausgeschlossene "ungewöhnliche und gefährliche Beschäftigung" handele.

Da dieser finanzielle Aspekt u. U. relativ wichtig werden könnte, gehe ich im nächsten Abschnitt noch mal kurz darauf ein. Wen es nicht interessiert, der kann ja kurz überspringen.

Schadenshaftung der Versicherung für Selbstmörder

Für Schäden, die ein Selbstmörder bei seinem Selbstmordversuch anrichtet, muss die Privathaftpflichtversicherung zahlen. Bei dem vom Oberlandesgericht Karlsruhe entschiedenen Fall war der Versicherte von der obersten Etage eines Hauses gesprungen und auf einen geparkten Personenwagen gestürzt, wobei das Auto erheblich beschädigt wurde. Wichtig an diesem Beispiel ist, dass der Dummkopf überlebt hat, und damit belohnt wird, dass er für den von Ihm angerichteten Schaden selbst keinen müden Euro blechen muss. An dem Fahrzeug entstand übrigens ein Schaden von 15.000 DM (ihr seht, es ist ein etwas älteres Beispiel, aber ein jüngeres habe ich halt auf die schnelle nicht gefunden, und ich habe auch keine Lust gehabt, noch länger zu suchen). Der BGH entschied, dass es sich bei dem Vorgang um eine "Gefahr des täglichen Lebens" und keine "ungewöhnliche und gefährliche Beschäftigung" handle. Insofern sei es nämlich unerheblich, ob jemand in Selbsttötungsabsicht springt oder versehentlich fällt. Es läge somit kein Grund vor, den Versicherungsschutz auszuschließen.
Wie die Rechtlage allerdings aussehen würde, wenn er auf sein eigenes Auto gesprungen wäre, kann ich leider nicht sagen.

Aber nicht nur bei solchen misslungenen Versuchen von Selbstmord, die private Haftpflichtversicherung zahlt auch für die Schäden, die der Versicherte durch einen erfolgreichen Selbstmord angerichtet hat.

Sonderfall: das Töten auf Verlangen – die Rechtslage

Das töten auf Verlangen stellt insoweit einen Sonderfall dar, weil er nur dann eintritt, wenn der potentielle Selbstmörder aus diversen Gründen nicht mehr in der Lage ist, seinem Leben selbst ein Ende zu setzen. Dabei geht man zumeist von einer Krankheit aus, die Ihn daran hindert.

Der § 216 Strafgesetzbuch sagt ganz klar: das Töten auf Verlangen kann mit einer Freiheitsstrafe von sechs Monaten bis fünf Jahren bestraft werden. Das gilt somit für die aktive Sterbehilfe, die Tötung auf Verlangen ist. Die Juristen unterscheiden dabei noch einmal zwischen der direkten aktiven Sterbehilfe, damit ist die gezielte Tötung eines Menschen gemeint und der indirekten aktiven Sterbehilfe, d.h. der Hilfe beim Sterben durch den gezielten Einsatz einer hohen Dosis an Schmerzmittel (Morphium), durch den der Tod eintritt.

Weitaus komplizierter ist die Rechtslage bei der passiven Sterbehilfe. Mit diesem Begriff ist der Verzicht auf lebensverlängernde Maßnahmen bei Sterbenden und irreversibel geschädigten Patienten gemeint. Dabei ist der Wille des Kranken ausschlaggebend für den behandelnden Arzt. Wenn der Patient diesen Willen noch klar äußern kann, wenn er also beispielsweise noch (bei klarem Verstand) sagen kann, dass er keine Magensonde will, dass er die lebensverlängernden Maßnahmen ablehnt und auch nicht mehr therapiert werden will, dann muss der Arzt dies akzeptieren und die Maschinen abschalten. Wie aber soll und darf sich der Arzt oder die Angehörigen verhalten, wenn der Patient seinen Willen nicht mehr äußern kann? Dabei ziehen Juristen den so genannten Kemptener Fall hinzu in dem der Bundesgerichtshof 1994 entschieden hatte, dass die Ernährung mit einer Magensonde einzustellen sei, da dies dem mutmaßlichen Willen der Patientin entspräche (BGHSt 40/257). Es muss infolgedessen der mutmaßliche, d.h. der angenommene

Wille ermittelt werden. So hat auch das OLG Frankfurt/Main 1998 (20 W 224/98) geurteilt. Es forderte das zuständige Amtsgericht bzw. Vormundschaftsgericht auf, den Willen der im Koma liegenden Patientin zu ermitteln, da das Selbstbestimmungsrecht des Patienten grundsätzlich anzuerkennen sei.

Historischer Exkurs

Bei Adam und Eva will jetzt nicht gerade beginnen, aber die alten Griechen müssen es dann schon sein. Der Selbstmord galt im griechischen Altertum nicht als Verwerflich. Auch in der griechischen Mythologie enden sehr viele Gestalten durch die eigene hand. Ein nicht gerade geringer Teil der griechischen Tragödien findet durch eine Selbstmordhandlung ihren krönenden Abschluss.
Die Stoa (eine philosophische Tugendlehre aus dem antiken Griechenland. Der Name leitet sich aus dem altgriechischen für *Säulenhalle* oder *Vorhalle* ab. Die Lehre der Stoiker gliederte die Philosophie in Logik, Physik und Ethik. Demnach ist das Leben des Individuums selbst gleichgültig, dass heißt, der freiwillige Tod ist sinnvoll) gestattete ihn ausdrücklich bei Leiden aller Art und rühmte ihn sogar als äußerste Bewährung der persönlichen Freiheit. Von Plutarchs "Lebensbeschreibungen berühmter Griechen und Römer" ist überliefert, dass unter den jungen Frauen von Milet eine Selbstmordepidemie stattgefunden hat. Ohne einen ersichtlichen Grund nahmen sich derart viele Frauen das leben, dass sich der Senat des Stadtstaates nur noch dadurch zu helfen wusste, indem sie unter der Bevölkerung verkündeten, dass die nächste Selbstmörderin auf dem Marktplatz nackt zur Schau gestellt werde. Diese etwas ungewöhnliche Maßnahme war allerdings erfolgreich und führte zu einem Abklingen der Selbstmorde.
Im Ägypten zur Zeit Kleopatras soll es eigene Selbstmordakademien gegeben haben, in denen das Recht auf den Selbstmord gelehrt und über den günstigsten Zeitpunkt und die beste Art diskutiert wurde. Das eigentliche Ziel des menschlichen Lebens war der Selbstmord.

Auch im alten Rom wurde Selbstmord aus edlen Beweggründen und aus zwingenden Lebensnotwendigkeiten vielfach als Kennzeichen einer heldenmütigen Seele empfunden. Im römischen Recht wurde Selbstmord für die Bürger als zulässig erklärt, wenn er auf der Unfähigkeit, Schmerzen und Krankheit zu ertragen oder einer "sonstigen Ursache" beruhte. Neben besonderen Rechtfertigungsgründen wie Lebensmüdigkeit, Leid und Krankheit, Wahnsinn und Furcht vor Schande ist auch eine Generalklausel angeführt. Verboten war Selbstmord für Soldaten und Sklaven sowie für Verurteilte, ansonsten konnten Hab und Gut der Selbstmörder vom Staat eingezogen werden. Da zur Hochblüte und im beginnenden Niedergang der römischen Kultur sehr viele Selbstmorde verübt wurden, wurden Sklaven und Bediente zu Zeiten des Kaisers Hadrian mit Strafe bedroht, wenn sie den Selbstmord ihres Herrn nicht zu verhindern suchten.

Viele bekannte Persönlichkeiten der antiken Welt haben ihr Leben durch Selbstmord beendet. Einige Beispiele sind der Berater Neros (nach Tacitus) in Fragen des feinen Geschmacks, Petronius (man erinnere sich nur an den Film "Quo Vadis" mit Sir Peter Ustinov), den Philosophen Seneca und die Politiker Brutus, Cassius und Mark Aurel.

Auch der karthargische Feldherr und bedeutendste Gegner der Römer, Hannibal, entzog sich der Gefangennahme durch seine Erbfeinde im Jahre 183 v. Chr., indem er in aussichtsloser Lage das in einem Fingerring mitgeführte Gift einnahm.

Der Selbstmord wird von den einzelnen Religionen zwar überwiegend abgelehnt, doch ist diese Haltung nicht konstant. Über Jahrhunderte, in denen in unserem Kulturraum Kirche und Staat noch nicht getrennt waren, wurde Selbstmord von beiden Institutionen gleichermaßen abgelehnt und verurteilt. Das Christentum verwarf den Selbstmord von Anfang an als sündhaften Eingriff in die Schöpfungsordnung. Im Mittelalter war daher der Selbstmord nach Weltlichen und Kirchlichem Recht strafbar, der Selbstmörder verfiel unehrlichem Begräbnis. Seit der Renaissance, besonders seit der Aufklärung, lockerte sich das Verwerfungsurteil, doch durchgängig mehrt im Sinne einer Entschuldbarkeit als einer Rechtfertigung des Selbstmords als solchen. Heute wird Selbstmördern das kirchliche Begräbnis dann gewährt, wenn die Verantwortlichkeit gemindert war.

Dennoch gab es trotz dieser breiten, den Selbstmord ablehnenden Haltung im christlichen Europa für verschiedenen Standesgruppen, z. B. Adel und Offiziere, ganz eindeutige, wenn auch ungeschriebene, zu einem Ehrenkodex erhobene Gesetze, nach denen man sich unter bestimmten Bedingungen das Leben nehmen durfte. Ja, man war sogar moralisch dazu verpflichtet. Man sah im Selbstmord die einzige Chance, Ehreneinbußen wieder gut zu machen. Noch in beiden Weltkriegen trugen viele hochrangige Soldaten stets Gift bei sich, um sich im Falle einer Gefangennahme umzubringen.

Statistik

Im Durchschnitt sterben in Deutschland jährlich ca. zwischen 11.000 und 12.000 Menschen durch Selbstmord (Stand 2001). Davon waren 74 Prozent Männer und 26 Prozent Frauen. Zusätzlich ist von einer hohen Dunkelziffer auszugehen. Diese Zahl entspricht ungefähr 1,3% aller Todesfälle und übersteigt damit die Anzahl der Verkehrstoten erheblich. In der Altersgruppe der 15- bis 35jährigen ist nach dem Unfalltod Selbstmord die zweithäufigste Todesursache. Die Zahl ernsthafter Selbstmordversuche liegt ungefähr bei ca. 100.000 bis 150.000 (auch hier sind exakte Erkenntnisse aufgrund der hohen Dunkelziffern schwierig). D. h., nur etwa jeder zehnte Selbstmordversuch ist erfolgreich.

Davon ist die Zahl der Selbstmordversuche ist bei Frauen weit höher als bei Männern. Allerdings ist die Zahl der erfolgreichen Selbstmorde bei Männern erheblich größer. Das Verhältnis der Selbstmordrate von Frauen zu Männern liegt etwa bei 1:3. D. h. mit anderen Worten, nicht nur für die sog. Herren der Schöpfung, sondern gerade auch für euch Frauen ist dieser Ratgeber ein Meilenstein.

Im Jahr 1982 nahmen sich in Deutschland 18.711 Menschen das Leben, während die Zahl im Jahr 2002 bei 11.163 lag. Das heißt, dass die Selbstmordrate im Zeitraum von 20 Jahren um 40,3 % zurückging. 1987 wurden in der alten Bundesrepublik jährlich rund 250.000 Patienten wegen einer Selbstmordbehandlung in Krankenhäuser eingewiesen. Hundertprozentig nachweisen kann man die Zahl ja ohnehin nicht. Ungefähr 14.000 Menschen begingen Selbstmord, darunter befanden sich schätzungsweise 3.000 Patienten mit endogener Depression. 16% aller Patienten mit einem überstandenen Selbstmordversuch begangen im Folgejahr einen erneuten Versuch. Das Rezidivrisiko nach einem Suizidversuch liegt im 1. Jahr am höchsten. Fast 85% aller Suizidanten einer internistischen Intensivstation können innerhalb kurzer Zeit entlassen werden, 15% müssen wegen weiter bestehender akuter Suizidalität oder einer endogenen Psychose in eine psychiatrische Klinik verlegt werden. Die häufigsten Ursachen für einen Selbstmord bzw. für einen Selbstmordversuch liegen also in diagnostizierbaren psychischen Erkrankungen. Ca. 90-95 % aller Selbstmorde in westlichen Gesellschaften sind hierauf zurückzuführen. Selbstmord kommt gehäuft vor bei allen Psychosen, vor allem aber bei Depressionen. Auch Suchterkrankungen können eine gewisse Rolle spielen. Den Selbstmord auslösende Faktoren können Lebenskrisen wie die Trennung vom Partner, Versagensängste oder der wirtschaftlichen Ruin sein. Dennoch, als alleiniger Hintergrund eines Selbstmords kommt dies aber nur in ca. 5-10% der Fälle vor.

So, jetzt ist es aber genug mit dem wissenschaftlichen, oder besser gesagt – pseudowissenschaftlichen – Geschwafel.

Mehr oder weniger unfreiwilliger Selbstmord

Unter mehr oder weniger unfreiwilligem Selbstmord wird der Selbstmord verstanden, der sich auf der Basis eines indirekten Zwangs abspielt. Ein konkretes Beispiel ist der todkranke Patient, der weiß, dass er nur noch 6 Monate zu "Leben" hat. Da dieses Leben aber nur noch eine einzige Qual (sowohl psychischer als auch physischer Art) ist, sieht er in einem Selbstmord die einzige (Er-) Lösung.

Bisschen was Wissenschaftliches, so mal am Rande erwähnt

Jetzt soll doch mal für ein paar Zeilen dem ganzen ein winziger wissenschaftlicher Touch eingehaucht werden. Zumindest versuche ich es einmal. Wem das zu viel des Guten ist, kann diesen und auch den nächsten Punkt ja auslassen.

Also:

Der so genannten suizidalen Handlung geht, abgesehen von Kurzschlusshandlungen, in der Regel eine so genannte präsuizidale Entwicklung voraus. Sie verläuft schematisch in 3 Stadien:

- Erwägung
- Ambivalenz (heißt auf gut deutsch laut Wörterbuch: Doppelwertigkeit, Zwiespältigkeit; Möglichkeit bei Gefühlen, ihr Gegenteil mit einzuschließen, z. B. Hassliebe (lat. ambo „beide" + valere „gelten")
- Abschluss

Wen es explizit interessiert – eine kurze Erläuterung

Im 1. Stadium (Erwägung) wird der Selbstmord als mögliche Problem- oder Konfliktlösung in Betracht gezogen. Dabei spielen einerseits psychodynamische Faktoren, wie Aggressionen, die nicht nach außen abgeführt werden können und sich daher nach innen wenden, eine Rolle, andererseits auch suggestive Momente (Selbstmorde in der Umgebung). Dies erklärt beispielsweise die Beobachtung, dass Meldungen über Selbstmordhandlungen Prominenter bzw. Pseudoprominenter in den Medien die Selbstmordquote in der Bevölkerung erhöhen können. So sank die Selbstmordquote in Boston (tolles Beispiel, nicht wahr?) während eines sechswöchigen Zeitungsstreiks deutlich ab.

Im Stadium der Ambivalenz entwickelt sich ein Kampf zwischen Selbsterhaltenden und Selbstzerstörerischen Kräften. In dieser Phase kann es zu direkten oder indirekten Suizidankündigungen kommen (Andeutungen, Drohungen, Vorrausagen), die man zumeist als Hilferufe und Kontaktsuche interpretieren kann. Diese Appelle sollten schon ernst genommen werden. Die Vorstellung: "Wer von Selbstmord spricht, tut dies nicht, und wer es tun will, spricht nicht davon", hat sich als Blödsinn erwiesen. Etwa 80% aller Menschen, die Selbstmord begehen, haben vorher ihre Selbstmordabsicht auf irgendeine Art und Weise angekündigt. Selbstmordabsichten werden häufig dann nicht ernst genommen, wenn der Betreffende damit einen Druck auf andere ausüben will.

Im 3. Stadium kommt es zum Entschluss, entweder für die Selbstmordhandlung oder für das Weiterleben. Der Umwelt fällt auf, dass sich der Patient auf seine Weise "beruhigt" hat und nicht mehr über seine vermeintlichen Selbstmordabsichten spricht. Es wäre allerdings trügerisch, daraus zu dem Ergebnis zu kommen, dass eine Selbstmordgefährdung nun nicht mehr gegeben ist. Vielmehr kann es sich um die Ruhe vor dem Sturm handeln. Es ist daher notwendig, denjenigen, der vom Selbstmord gesprochen oder damit gedroht hat und es nun nicht mehr tut, zu fragen, warum er jetzt leben will (Jawohl! Erst großspurige Ankündigungen bzw. Andeutungen zu machen und dann alles im Sande verlaufen zu lasse. So bitte nicht!) Denn wer tatsächlich weiterleben will, wird dafür ohne weiteres einen oder mehrere Gründe angeben können. Dagegen scheint der nach wie vor zum Selbstmord Entschlossene oftmals zu keiner befriedigenden Antwort fähig zu sein.

Bei der Selbstmordhandlung können durchaus Selbstaggression und Selbstzerstörung im Vordergrund stehen. Mal ganz ehrlich: wen widert es nicht an, immer und immer öfter diese abgewrackten und verlausten Penner in einer Stadt zu sehen, die einen womöglich noch anbetteln, damit sie ihr abgrundtief jämmerliches Dasein finanzieren können. Diese "Menschen" haben nicht nur ihr Leben schon hinter sich, sie haben auch gar keines mehr vor sich. Wäre es denn da nicht angebracht, schon als Akt reinster Nächstenliebe, wenn sie selbst daraus ihre Konsequenzen ziehen würden? Oder ist diese Denke vielleicht doch ein klein wenig Menschenverachtend?

Persönliches bzw. privates Umfeld des einzelnen Kandidaten

Unter dem persönlichen bzw. privaten Umfeld des einzelnen Kandidaten soll der Zustand bzw. die Situation des Selbstmörders verstanden werden. Ob er/sie Single, Verheiratetet oder sonst was ist und ob er/sie z. B. Kinder hat. Sind letzteres beispielsweise vorhanden, so sollte der Akteur sich die Sache in der Tat vielleicht noch mal reiflich überlegen, da er schließlich eine Verantwortung übernommen hat (es sei denn, er/sie ist 70 und die Kinder sind 40 und 42) und es wohl mehr als Sch... ist sich so zu Drücken und aus dem Leben zu Stehlen. Die einfachste Situation ist natürlich, wenn ihr keinerlei Verpflichtungen habt. Toll ist es natürlich, wenn die direkten Nachfahren ohnehin so widerlich sind, dass es geradezu ein Fest ist, aus dem Leben zu scheiden. Vergesst aber bitte vorher nicht, das Testament so zu verfassen, das diese gestalten – wenn möglich – dann auch definitiv leer ausgehen sollten.

Schulden

Ein vorzeitiges ableben bei Schulden ist immer eine recht gute Lösung, seinen Gläubigern wirklich hundertprozentig zu entkommen. Einen etwas schalen Beigeschmack bekommt diese Aktion allerdings dann, wenn ihr euren nächsten Verwandten oder Freunden nun eure Schulden aufhalst. Also schließt z. B. vorher (aber bitte nicht erst drei Tage vorher) eine Lebensversicherung ab. Und, jetzt ganz wichtig, lasst eurem Selbstmord auf jeden Fall wie einen Unfall aussehen, denn sonst kann es zu erheblichen Komplikationen kommen. Unter Umständen können dann die Bedachten auch leer ausgehen. Bringt Ihr euch aber um und halst eure Schulden dabei eurem ärgsten Feind auf, ist dies allerdings doch noch eine gelungene Aktion.

Der Selbstmordversuch

Der Selbstmordversuch ist eine gegen das eigene Leben – was sonst – gerichtete Handlung, die nicht zum Tode geführt hat, völlig unabhängig davon, ob der Tod beabsichtigt war (oder auch nicht). Eine gebräuchliche Definition von Selbstmordversuch der WHO (World Health Organisation) lautet: „Der Selbstmordversuch ist eine absichtliche Selbstschädigung, die mit mehr oder minder klarer Selbsttötungstendenz durchgeführt wird, aber keinen tödlichen Ausgang hat." Selbstmordversuche werden häufig mit untauglichen Mitteln verübt. Beliebt sind gerade bei jungen Püppis die Verwendung von Schlafmitteln (gähn, wie langweilig) und anderer Medikamente, die bei rechtzeitigen Auffinden medizinisch absolut problemlos sind. Ein Selbstmordversuch kann übrigens jederzeit auch als Druckmittel missbraucht werden. Beispielsweise kann schon eine Eheschließung unter der Androhung eines Selbstmords erfolgten.

Unterschiedliche Methoden von Männern und Frauen

Für die Wahl der Selbstmordmethode spielen verschiedene Faktoren eine Rolle. So bevorzugen Männer zumeist eher härtere Methoden wie z. B. Erschießen, Sturz aus großer Höhe oder Erhängen. Frauen bevorzugen dagegen eher weichere wie z. B. die "etwas erhöhte" Medikamenteneinnahme oder das öffnen der Pulsadern. Dabei spielt die Erreichbarkeit eine große Rolle. Des Weiteren wird bei der Wahl der Methode auch der Nachahmungseffekt deutlich. So kann man nach dem Selbstmord einer prominenten Person, aber auch nach einem Selbstmord in der persönlichen Umgebung eine Häufung derselben Methode beobachten.

Misslungene Versuche

Angeblich kommen Selbstmordversuche bis zu 60ig mal häufiger vor als der vollendete Selbstmord. Davon sind jüngere Menschen (vor allem Jugendliche) wesentlich häufiger betroffen. Dabei haben die meisten Weicheier auch weiche Methoden bevorzugt. Bei den Fehlversuchen dominiert eindeutig das weibliche, also das schwächere, und das, hier eindeutig belegt, dümmere Geschlecht (OK, PISA und viele andere Studien belegen eindeutig das Gegenteil, aber Mädels, gönnt uns doch wenigsten diese Domäne ohne jegliche Häme (reimt sich auch noch. Wenn das so weitergeht, werde ich noch ein richtiger Dichter und Denker). Über die Häufigkeit und die Art und Weise von fehlgeschlagenen Selbstmordversuchen von Blondinen gibt es übrigens leider keinerlei Informationen. Dies wäre allerdings sicherlich ein hervorragendes Thema für die Dissertation eines Soziologen (kleiner Tipp am Rande). Es muss aber noch kurz erwähnt werden, dass die Dunkelziffer bei Selbstmordversuchen um ein vielfaches höher liegt, da viele ehemalige Kandidaten verständlicherweise nicht über ihr äußerst peinliches Missgeschick sprechen wollen. Oder aber die Familienangehörigen, Freunde und Bekannte der Dumpfbacke sind bestrebt, den Zwischenfall stillzuschweigen. Aber darauf komme ich später noch einmal ein bisschen genauer drauf zu sprechen.

Folgeschäden bei misslungen Versuchen

Geht ein Versuch mal in die Hose, Pech gehabt. Ihr könnt es ja jederzeit wieder versuchen. Nichtsdestotrotz heißt das noch lange nicht, dass Ihr „nachher" noch genauso wie „vorher" seid. Damit meine ich schlicht und einfach dass Ihr – sowohl innerlich als auch äußerlich – irgendwelche Folgeschäden bei einem misslungenen Versuch haben könntet. Nun könntet Ihr sagen: scheiß egal, ich versuche es morgen ja wieder. Nur, nehmt Ihr von weiteren Versuchen Abstand, ist euer Leben unter Umständen von dauernden Schmerzen oder von einer Verunstaltung gezeichnet. Dessen solltet Ihr euch schon bewusst sein. Also, macht es schlicht und einfach gründlich, dann kommt Ihr erst gar nicht in eine solche Zwickmühle. Okay, Ihr seid nun – als bittere Konsequenz eures törichten Handelns – ein sabberndes etwas geworden und werdet nun mit Ausgrenzung und Missachtung von euren Mitmenschen behandelt. Aber – jetzt seid doch mal ganz ehrlich – war das „vorher" nicht wirklich auch schon so? Wohl doch. Oder? Nur das es jetzt vielleicht etwas

Beschwerlicher geworden ist, einfach so zu „Leben". Tja. Und jetzt habt Ihr Schmerzen? Und dann noch recht Große? Und das vielleicht sogar noch 24 Stunden am Tag? Nun ja, man kann auch sagen, Strafe muss sein. Und zwar für eure grenzenlose Dummheit. So total beknackt kann man ja nun wirklich nicht sein! Selbst „das" bekommt Ihr nicht geregelt. Nun ja, um noch so einen Fauxpas zu vermeiden, seid Ihr zufällig mal intelligent gewesen und lest mein „Werk" richtig. Dann sollte ja eigentlich nichts mehr schief gehen können (will ich doch mal hoffen). Also, stellt euch beim nächsten Mal bitte nicht sooo dumm an, dann passiert so ein Fiasko nicht noch einmal.

Warum?

Nein, Stopp! Jetzt wird nicht die Frage beantwortet, warum ich dieses Buch schreibe. Das habe ich ja auch schon getan. Obwohl ich keinem eine Rechenschaft über mein Tun bzw. meine Motive ablegen muss. Nein, es geht immer noch um das Thema Selbstmord. Die Frage nach dem Warum stellt sich nämlich bei keiner Todesart so drastisch wie beim Selbstmord. Da ich aber weder Soziologe noch Psychologe noch sonst etwas bin und mich die Frage gelinde gesagt einen Scheiß interessiert, werde ich auch nicht näher darauf eingehen. Da wird es vielleicht jetzt einen kleinen Aufschrei geben, aber das in der Literatur gängige auf eine Stufe stellen von irgendwelchen armseligen Hanseln, die in ihrem Leben jämmerliche Versager waren, mit mutigen Persönlichkeiten, die mit Stolz und Würde aus hehren Motiven aus dem Leben geschieden sind, bricht mich einfach zu sehr an, als das ich darauf näher eingehen möchte.

Der vorgetäuschte Selbstmord

Beim vorgetäuschten Selbstmord handelt es sich um einen Selbstmordversuch, der eigentlich gar nicht ernst gemeint ist. Es findet zwar ein Selbstmordversuch statt, aber, wie der Name schon sagt, nur ein Versuch, denn das eigentliche Ziel besteht ja darin, zu überleben. Der Grund für ein solches Unterfangen kann Beispielsweise darin bestehen, auf sich oder gewisse

Missstände (was man auch immer darunter verstehen mag) im Leben aufmerksam machen zu wollen. Dazu kann ein Selbstmordversuch eine wirksame Schocktherapie für diejenigen sein, die Ihr mit eurem Versuch treffen wollt. (Wenn ihr es aber nicht schafft auch nur einen einzigen damit zu Schocken, so sollte euch das doch ein wenig zu denken geben). Um die Sache auch wirklich komplett zu machen, ist es am besten, wenn ihr einen schönen Abschiedsbrief geschrieben habt, wo ihr dann alles zur Sprache bringen könnt, was euch am Herzen liegt (und woraus der Angesprochene resümieren kann, was er in Zukunft zu tun hat). Überlegt natürlich vorher gründlich, wie ihr euch umbringen wollt, denn schließlich wollt ihr ja gefunden werden und es soll eurer Rettung nichts im Wege stehen. Abgesehen davon wollt ihr nachher ja auch nicht unter den eventuell eintretenden Folgeschäden ein Leben lang leiden. Das heißt natürlich, dass ihr rechtzeitig gefunden werden müsst. Richtet eure Aktion zeitlich also so ein, dass ihr absolut sicher seid, auch rechtzeitig gefunden zu werden. Falls das nicht ganz sicher ist, kündigt euer vorzeitiges Ableben einfach vorher an, so z. B. mit einem kurzen Anruf. Wenn ihr alle diese Punkte berücksichtigt, dann kann eigentlich nichts mehr schief gehen und euer Aufschrei wird eine gelungene Sache.

Selbstmord aus Idealismus - Sterben für eine Idee

Schon seit Jahrhunderten haben die Menschen Selbstmord begangen, die zum Tode verurteilt waren. Dies geschah nicht nur, um die Wartezeit zu verkürzen, sondern auch, um bekannt zu machen, dass es sich für die Ehre zu sterben lohnt.

Eine Frage der Ehre

Dieser Abschnitt behandelt jetzt eine ganz andere Kategorie von Selbstmördern. Nämlich diejenigen, die v. a. aus Stolz und aus Verantwortung Selbstmord begehen. Dies sind – oder besser gesagt, waren – oftmals in erster Linie Adlige, die sich so für Ihr Tun, oder anders gesagt, für Ihre Taten auf diese Art und Weise verantwortet haben. Heute eigentlich so gut wie undenkbar, war dies – vor gar nicht allzu langer Zeit noch – eine Art von Ritterlichkeit. Stolz, Ruf, Ehre und Familie spielen dabei natürlich eine übergeordnete Rolle. Noch im zweiten Weltkrieg schieden so einige damalige Prominente deutsche Militärs (alles andere als Nazis übrigens) aus dem Leben.

Zwei Beispiele sind zum einen der Kapitän zu See Hans Wilhelm Langsdorff. Er war Kommandant des Panzerschiffs "Admiral Graf Spee", das am 17. Dezember 1939 nach mehrwöchigem Kreuzerkrieg in der Mündung des Rio de la Plata vor Uruguay auf seinen Befehl von der eigenen Besatzung versenkt wurde, da die zuvor erlittenen Gefechtsschäden nicht repariert werden konnten. Er ersparte seiner Mannschaft und auch dem britischen Feind einen sinnlosen Kampf, da das Ende für sein Schiff absehbar und mit Sicherheit nicht mehr rettbar war. Über tausend Mann wurden heimlich evakuiert. Langsdorff waren lebendige Menschen lieber als tausend tote Helden. Zusammen mit seiner Besatzung ging Langsdorff nach Buenos Aires in Argentinien und wurde dort interniert. Als Konsequenz aus seinem Verhalten, das jedoch nur von den Nationalsozialisten in Deutschland als Hochverrat und Feigheit gewertet wurde, erschoss er sich.

Da ihr ja alle überaus gebildete und historisch versierte Menschen seit und den soeben beschriebenen Hans Wilhelm Langsdorff ja mit Sicherheit kennt, noch ein anderes populäres Beispiel. Dieses ist der so genannte „Wüstenfuchs" Erwin Rommel. Obwohl niemals daran beteiligt, wurde er nach dem Attentat vom 20. Juli 1944 er von Mitgliedern der Wehrmachtsführung der Mittäterschaft beschuldigt. Man stellte ihn vor die Wahl, sich vor dem Volksgerichtshof zu verantworten oder durch Selbstmord sein Leben zu beenden und somit seiner Familie die Sippenhaft zu ersparen. Daraufhin tötete sich Rommel mittels einer Giftkapsel selbst.

Flucht vor dem Leben oder andere, in der Regel Psychosoziale, Probleme des einzelnen spielten so gut wie nie eine Rolle.

Kleiner bildungspolitischer Exkurs – das Phänomen des Massenselbstmordes

In der Regel scheint der Selbstmord die individuellste, auf persönlichem Entschluss des einzelnen beruhende Todesart zu sein. Des Weiteren gibt es aber noch zahlreiche Beispiele für erzwungene oder erpresste Selbsttötung, denn wenn man einem Menschen keine andere Wahl mehr lässt, als sich zu töten oder andernfalls ermordet zu werden oder wenn die gesellschaftliche Ächtung ein Weiterleben unmöglich macht. Der so genannte "erweiterte Selbstmord" stellt dabei einen Sonderfall dar, bei dem der Selbstmörder einen oder mehrere Menschen mit in den Tod nimmt. Dabei verdient das Phänomen des Massenselbstmordes besondere Beachtung. Dieses ist im Verlauf der Geschichte besonders häufig anzutreffen und weist eine eigene Dynamik und Besonderheiten auf, von denen besonders das Imitationsverhalten erwähnenswert ist.

Von Bedeutung ist des Weiteren die Stärke oder Schwäche der religiösen Bindungen, abgekapselte, ideologisch eingeengte Gruppen, zumeist angeführt von einem entsprechendem "Führer" mit hoher Suggestitionskraft bzw. Charisma. Des Weiteren charakteristische Situationen wie Krisenzeiten (z. B. Kriege, Unruhen) und/oder andere lebensbedrohende Umstände.

Beispiele aus der Geschichte

- Die Zeloten (Juden) begingen im 1. Jahrhundert n. Chr. massenhaft Selbstmord, als die Römer Massada, eine Festung am Toten Meer (in Israel), eroberten. 960 Personen sollen damals insgesamt ums Leben gekommen sein.
- Die Albigenser/Katharer, eine im 11.-13. Jahrhundert im Süden Frankreichs wirkende religiöse Sekte, haben, sowohl von der Inquisition als auch von den Kreuzzügen verfolgt, im Jahre 1220, vor ihrer endgültigen Niederlage, Massenselbstmord begangen.
- Auch bei den Naturvölkern sind Massenselbstmorde keine Besonderheit. Beispielsweise wurde bei den polynesischen Maoris ein unerklärliches Massensterben

beobachtet und als kollektive Form des seelisch bedingten Todes interpretiert.

- Bei den Sudan"negern" (sorry für das Nichteinhalten der sog. „political correctness", aber bei meinen so genannten Recherchen bin ich halt ausschließlich auf diesen Begriff gestoßen) in Oberguinea mussten sich sämtliche Offiziere beim Tode des Königs selbst töten und auch alle 600 (!) Frauen (mein Gott, soll man da jetzt Neidisch werden oder einfach nur Mitleid mit dem Mann haben?) seines Hofstaates durften ihn durch feierliche Einnahme von Gift mit ins Jenseits begleiten.

- Auch nach der Eroberung der neuen Welt sollen mehr Indianer durch Selbstmord ums Leben gekommen sein als durch die Abschlachtung durch die Spanier. Berichten zumindest einige Quellen. Ob's stimmt, keine Ahnung.

- Einer der bekanntesten Massenselbstmorde in neuester Zeit hat sich 1978 im Urwald von Guayana ereignet. Dort hat der kalifornische Sektengründer James B. Jones in einem Ritual von Selbstmord und Mord seine über 900 Anhänger der so genannten Volkstempel-Sekte in den Tod geführt. Die Davidianer, auch Branch Davidian genannt, waren eine christliche Sekte in Waco, Texas. 1993 begann das Bureau of Alcohol, Tobacco and Firearms im Rahmen einer Razzia wegen des Verdachts auf illegalen Waffenbesitzes eine Belagerung eine festungsähnlich ausgebaute Ranch der Davidianer-Sekte bei Waco. Es brach ein zerstörerisches Feuer aus, als das Gebäude nach dem Tod von vier Polizisten am mit Panzern gestürmt wurde. 80 der im Haus befindlichen 89 Sektenmitglieder wurden getötet, darunter der Sektenführer David Koresh.

Teil 3 – Top-Twenty

Bei dieser Aufstellung von mehr oder weniger sehr Berühmten Selbstmördern dürft ihr euch nun wahrlich nicht angesprochen fühlen, denn in diese Reihe könnt ihr euch wohl kaum einreihen. Mal ganz ehrlich: es kräht doch wirklich kein Hahn nach euch, wenn ihr weg seid! Aber nichts desto trotz stehen hier jetzt einige Persönlichkeiten, um zu zeigen, dass auch Solche kleine Problemchen in ihrem Leben hatten und keine andere Lösung wussten. Dies ist zugegebenermaßen eine ziemlich wirre Liste, aber es soll hiermit ja auch ein repräsentativer Querschnitt der Bevölkerung sowohl wiedergegeben als auch angesprochen werden. Es werden nun einige mehr oder weniger große Persönlichkeiten vorgestellt, die von eigener Hand ihr Leben ausgehaucht haben. Da eine Nachahmung nicht das Ziel dieser kurz kommentierten Auflistung sein soll, wird darauf verzichtet, die Methode explizit zu erläutern, wie sie es denn nun "gemacht" haben. Da es auch nicht darum geht bzw. gehen soll, dieses Buch mit aller Gewalt zu füllen, indem alles Mögliche herein geschrieben wird, denke ich mal, dass es reicht, wenn ich mich auf 20ig Persönlichkeiten als Beispiele beschränke. Ursprünglich hatte ich noch geplant, jeweils ein nettes Bild der Verstorbenen einzufügen, aber zum einen, wen interessiert es, wie ein Rudolf von Habsburg ausgesehen hat, und zum anderen hätte ich u. U. kleine Probleme mit dem Copyright bekommen können. Obwohl alle hier schon Tod sind.

Rudolf von Habsburg

* 21. August 1858 auf Schloss Laxenburg; † 30. Januar 1889 auf Schloss Mayerling; Rudolf von Habsburg war Erzherzog und, als Sohn von Franz Joseph I. von Österreich-Ungarn und Elisabeth (die „Sissi) von Österreich-Ungarn, als Thronfolger der k. u k. Monarchie ausersehen.
Ihn kennen wahrscheinlich die allerwenigsten, aber hätte er heutzutage gelebt, sein Leben und sein tragisches Schicksal hätte alle möglichen Kitsch- und Boulevardblätter so gefüllt, dass er dem von Lady Diana in nichts nachgestanden hätte. Rudolph von Habsburg war der Thronfolger der k. und k. (Kaiserlich und Königlich) Monarchie (Österreich-Ungarn, um präziser zu sein), Erzherzog Rudolf, einziger Sohn von Kaiser (und König) Franz Josef I, beging im Jahre 1889 gemeinsam mit seiner Geliebten Maria von Vetsera Selbstmord in einem Jagdschloss bei Mayerling (irgendwo in Österreich). Man nimmt hier das „Gefühl" als wesentliche Voraussetzung für die

Tat an, da er sich auf diese Weise für immer mit einer geliebten Frau verbinden wollte.

Adolf Hitler

* 20. April 1889 in Braunau am Inn (Österreich); † 30. April 1945 in Berlin; Adolf Hitler war ab 1921 "Führer" der NSDAP, ab 1933 Reichskanzler und ab 1934 nach dem Tod Hindenburgs als „Führer und Reichskanzler" zugleich Regierungschef und Staatsoberhaupt des Deutschen Reichs.

Dieser „sympathische kleine Österreicher" (mit später einem deutschen Pass) hat sich bekanntlich, als er sich in einem kleinen beruflichen Tief befand, das Leben genommen. Doch wie konnte es dazu kommen? Adolf Hitler verließ im Alter von 16 Jahren die Schule ohne Abschluss. Er konnte dank einer Halbwaisen-Rente (sei Vater war frühzeitig verstorben) und der Unterstützung durch seine Mutter eine ungebundene Existenz führen. Zwei mal, 1907 und 1908, wurde er wegen mangelnder Begabung von der Wiener Kunstakademie abgelehnt. Daraufhin machte er keine Anstalten mehr, einen Beruf oder auch nur eine Berufsausbildung anzugehen. Mehr als eine aus verschiedenen Quellen wahllos zusammen gelesene Halbbildung hat er also in seinem Leben nie erworben. Im Alter von 20 Jahren zog Adolf Hitler nach Wien. Seine Mutter war bereits vorher gestorben. Er konnte von seiner Waisenrente anfangs relativ gut leben, da er sein Einkommen durch den Verkauf selbst gemalter Bilder und Postkarten zusätzlich aufgebesserte. Doch so langsam ging Hitler das Geld aus. So landete er 1909 im Obdachlosenasyl und 1910 in einem Männerheim. Seinen bescheidenen Lebensunterhalt bestritt er als Maler von den Sehenswürdigkeiten Wiens. 1913 wurde Hitler das Erbe seines Vaters ausbezahlt und er zog von Wien nach München. Zu Beginn des 1. Weltkrieges 1914 meldete er sich als Kriegsfreiwilliger. Seine politische Karriere begann er nach dem Ende des Krieges, als er 1919 in die DAP eintrat, die sich 1920 in NSDAP umbenannte. Bereits 1921 wurde er der Vorsitzende. Nach einem Putschversuch 1923 verbrachte Hitler mehrer Monate in Festungshaft, wo er schließlich „Mein Kampf" schrieb. Nach seiner Entlassung wurde die NSDAP unter seiner Führung nach und nach zur stärksten Partei in Deutschland, und 1933 wurde er schließlich Reichskanzler. Kraft dieses Amtes errichtete er ein totalitäres Regime, dass letztendlich Deutschland in den zweiten Weltkrieg und in dessen Niederlage mündete. Wenige Tage vor dem Ende des zweiten Weltkrieges, gen. am 29. April, heiratete Adolf Hitler seine langjährige Lebensgefährtin Eva Braun. Noch am Tag darauf begingen die beiden gegen 15.30 Uhr Selbstmord, indem sie Giftampullen zerbissen. Gleichzeitig schoss sich Hitler eine Kugel in die Schläfe (doppelt gemoppelt hält halt besser!).

Interessant ist in diesem Zusammenhang ein Zitat von Sebastian Haffner aus dem Jahre 1939:
„Hitler ist der potentielle Selbstmörder par excellence. Er hat keine Bindungen außer an sein Ego, und wird dieses ausgelöscht, ist er alle Sorgen, jegliche Verantwortung und Bürde los. Er ist in der privilegierten Situation eines Mannes, der nichts liebt außer sich selbst. Ihm ist das Schicksal von Staaten, Menschen und Gemeinwesen, deren Existenz er aufs Spiel setzt, völlig gleichgültig." ("Germany: Jekyll & Hyde. Deutschland von innen betrachtet", München 1998, S. 24)

Hermann Göring

* 12. Januar 1893 in Rosenheim; † 15. Oktober 1946 in Nürnberg; Hermann Göring ist heute vor allem als Kriegsverbrecher und einer der führenden Politiker in der Zeit des Nationalsozialismus bekannt.
Hermann Göring trat 1922 in die NSDAP ein, wo Hitler ihn im Dezember 1922 zum Leiter der SA ernannte. Am 9. November 1923 nahm er am Putschversuch in München teil. Dabei wurde er schwer verwundet und floh für vier Jahre ins Ausland, bis eine Generalamnestie ihm die Rückkehr erlaubte. Er entkam zunächst nach Italien, wo er u. a. Benito Mussolini kennen lernte. Schließlich ging er nach Schweden. Dort wurde er in eine psychiatrische Klinik eingeliefert, und im September 1925 sogar in eine geschlossene Abteilung, weil er wegen seiner nur schlecht heilenden Verwundung morphiumsüchtig geworden war. Ende 1927 kehrte er nach Deutschland zurück und trat

erneut in die NSDAP und SA ein. 1928 wurde Göring einer der ersten NSDAP-Abgeordneten im Reichstag und wurde nun von Hitler zum SA-Obergruppenführer ernannt. Damit war er in einer wichtigen Schlüsselstellung, um Hitler den Weg zur Macht zu ebnen. Göring war dann im Dritten Reich Luftfahrtminister sowie Reichsforst- und Reichsjägermeister, Preußischer Ministerpräsident und "Reichsmarschall". Nach Kriegsende wurde Hermann Göring in allen vier Anklagepunkten

- Verschwörung gegen den Weltfrieden
- Planung, Entfesselung und Durchführung eines Angriffskrieges
- Verbrechen gegen das Kriegsrecht
- Verbrechen gegen die Menschlichkeit

schuldig gesprochen und zum Tod durch Erhängen verurteilt. Der Vollstreckung des Urteils entzog sich Göring durch Selbstmord mit einer Zyankali-Giftkapsel.

Jetzt könnte ich mich eigentlich mit diesen ganzen Nazi-Gestalten wie Beispielsweise noch Goebbels oder Himmler dranhalten, denn ein erheblicher Teil der „Führungsetage" hat sich doch selbst umgebracht. Aber das wäre ja schon fast eine postume Ehrung. Und das ist nun wirklich zu viel des Guten. Also mache ich doch lieber mit einem richtigen Künstler weiter.

Vincent van Gogh

* 30. März 1853 in Groot-Zundert bei Breda, Niederlande; † 29. Juli 1890 in Auvers-sur-Oise, Frankreich) war ein niederländischer Maler und einer der wichtigsten Begründer des Impressionismus.
Vincent van Gogh (ausgesprochen: fann Goch) ließ sich 1886 in Paris nieder. Im Februar 1888 übersiedelte er nach Arles, wo er in Zusammenarbeit mit Paul Gauguin versuchte, eine Künstlerkolonie zu begründen. Im Dezember 1888 kam es zu einem Zusammenbruch. Er schnitt sich ein Ohr ab, das er kurz danach einer Prostituierten überreichte. Schön und gut, Besser sah er

danach allerdings auch nicht aus. Jedoch ist diese Version übrigens umstritten. Hätte sich der Maler ein Ohr völlig vom Kopf abgeschnitten, so wäre er innerhalb kürzester Zeit daran verblutet. Möglich könnte aber sein, dass er nur einen Teil des Ohrläppchens verletzte oder abtrennte. Eine weitere Deutung der Geschehnisse geht davon aus, dass sein Freund Paul Gauguin ihm nach einem Streit das Ohr mittels eines Degens schwer verletzte. Mittlerweile wird u. a. vermutet, dass van Gogh an einer Erkrankung litt, die heute als Morbus Menière bezeichnet wird, ein Schwindel, einhergehend mit Tinnitus. Diese Ohrgeräusche können dafür verantwortlich sein, dass er im Hörwahn einen Teil des betroffenen Ohres abschnitt. 1889 ging er freiwillig in die psychiatrische Anstalt von Saint-Rémy, setzte aber sein Wirken als Künstler fort.

Ernest Hemingway

* 21. Juli 1899 in Oak Park; † 2. Juli 1961 in Ketchum; Ernest Hemingway war einer der erfolgreichsten und bekanntesten US-amerikanischen Schriftsteller des 20. Jahrhunderts.

Ernest Hemingway war auch Nobelpreisträger ("Der alte Mann und das Meer"), Reporter und Kriegsberichterstatter, Erzähler, Abenteurer, Hochseefischer, Großwildjäger und vieles mehr. Wenn er ein Buch schrieb, dann aß er fast nur Sandwichs mit Erdnussbutter. Depressionen und Alkohol (na ja, es gibt schlimmeres) begleiteten ihn Zeit seines Lebens, das er nach langer Krankheit selbst beendete. Wie bereits sein Vater 1928, so erschoss sich Ernest Hemingway im Alter von 61 Jahren mit einer doppelläufigen Schrotflinte. Und das, nachdem er in vielen Kriegen kein Risiko und kaum eine Verletzung ausgespart hatte. Vor seiner Erkrankung, die sowohl mit manischen Depressionen in Verbindung gebracht wird, unter Umständen jedoch auch auf zwei Flugzeugabstürze in Afrika zurückzuführen ist, war er ein Symbol für überbordende, wenngleich melancholische Lebensfreude. Insgesamt hatte Ernest Hemingway also recht zahlreiche Gründe: Verwundungen aus Kriegen und von Flugzeugabstürzen, Arteriosklerose, Diabetes, Depressionen, (zuviel) Alkohol. Reicht doch.

Margaux Hemingway

16. Februar 1955 in Portland; † 2. Juli 1996 in Santa Monica; Margaux Hemingway, eigentlich *Margot Louise Hemingway*, war eine US-amerikanische Schauspielerin und ein erfolgreiches Model.
Margaux Hemingway war auch die älteste von zwei Enkelinnen Ernest Hemingways. Nach dem Erfolg mit ihrer ersten Rolle in *Eine Frau sieht rot* (1976) stand Hemingway vor einer steilen Hollywood-Karriere. Für seine neue Werbekampagne nahm sie der Parfumhersteller Fabergé für eine Million US-Dollar unter Vertrag. Leider verlief aber alles nicht wirklich so erfolgreich es den Anschein hatte. Sie vergiftete sich wahrscheinlich mit dem Arzneimittel Klonopin. Wie Ihr Großvater hatte Sie recht zahlreiche Gründe: Alkoholismus, Tablettensucht, Bulimie, epileptische Anfälle, 2 gescheiterte Ehen. Auch noch interessant ist das Datum, denn am Jahrestag des Selbstmords ihres Großvaters hatte Margaux Hemingway sich selbst das Leben genommen.

Virginia Woolf

25. Januar 1882 in London; † 28. März 1941 bei Lewes, Sussex; eigentlich Adeline Virginia Woolf; Sie war eine britische Schriftstellerin und ein Idol der Frauenbewegung (Nein, nicht vergleichbar mit Aerobic! – OK, der Witz hat sooo einen Bart. Aber es gibt noch schlechtere).
Virginia Woolf entstammte einer wohlhabenden Intellektuellen-Familie, die zahllose Kontakte zu Literaten hatte. Ihre schriftstellerische Karriere begann relativ spät, doch Ende der zwanziger Jahre war sie eine berühmte Autorin. Die engl. Schriftstellerin litt sehr lange unter Depressionen. So hatte sie eine panische Angst davor, geisteskrank zu werden. 1941, ertrug sie es nicht länger und ertränkte sich, 59 Jahre alt, im Fluss Ouse.

Marilyn Monroe

1. Juni 1926 in Los Angeles; † 4. August 1962 in Los Angeles; eigentlich Norma Jeane Baker, war ein US-amerikanischer Filmstar, Sängerin, ein erfolgreiches Fotomodell und das Sexsymbol schlechthin – bis heute.

Marilyn Monroe Kindheit und auch die Jugend verläuft nicht gerade rosig und sie wächst größtenteils bei Pflegeeltern auf. Später jobbt sie in einer Munitionsfabrik und dann als Fotomodell. Einen Einjahres-Vertrag erhält sie 1946 als Nachwuchsschauspielerin. Später nimmt sie Schauspielunterricht. 1950 erhält sie als Gangsterliebchen Angela Phinlay in „The Asphalt Jungle" von John Huston eine erste Anerkennung. Ab 1952 folgen dann ausschließlich Starrollen, in denen Sie zumeist die naive, platinblonde Schönheit mimt. Die sie allerdings auch in der Wirklichkeit für die meisten, v. a. Männer, ja auch war. Durch Filme wie „Niagara", „Blondinen bevorzugt", „Wie angelt man sich einen Millionär?" und „Fluss ohne Wiederkehr" wird Marilyn Monroe ab Mitte der 50er Jahre das populärste Pin-up-Girl und ein nationales Sexsymbol Amerikas. Sie stieg zu einem Idol auf und ist es bis heute geblieben. Privat war Marilyn Monroe insgesamt dreimal verheiratet gewesen. Überfordert von Ihrer Star-Rolle und zermürbt von Depressionen und Affären, hatte sie zwei Fehlgeburten erlitten und einige Zeit in psychiatrischen Einrichtungen verbracht. Des Weiteren hatte sie zudem Probleme mit ihrem zunehmenden Alter. Ihre Todesumstände sind bis heute nicht 100%ig geklärt (es kursieren nach wie vor die wildesten Gerüchte über eine indirekte Beteiligung der Kennedy-Brüder und/oder der Mafia. Bewiesen wurden die dubiose Theorie allerdings bis heute nicht). Sie tragen ihren Teil zum Mythos der Marilyn Monroe bei.

Kleopatra

69 v. Chr.; † 30 v. Chr. Kleopatra VII. von Ägypten war eine altägyptische Pharaonin. Der Name leitet sich von zwei griechischen Worten ab und bedeutet „Ruhm ihres Vaters".

Kleopatra war die Tochter des Ptolemaios XII. Auletes (und den kennt doch nun wirklich jeder!), regierte seit 51 v. Chr. als Frau ihres Bruders Ptolemaios XIII. († 47 v.Chr.), später ihres Bruders Ptolemaios XIV., und war die letzte Vertreterin der Ptolemäer-Dynastie in Ägypten. Hoch gebildet und sprachkundig, war es ihr Ziel, ihrem Land und ihrer Dynastie Glanz und Macht zurückzugeben. Als Julius Cäsar Ägypten im Jahr 47 v. Chr. eroberte, konnte sich Kleopatra ihre Machtstellung bewahren, indem sie Cäsars Frau wurde und ihrem gemeinsamen Sohn den Namen Cäsarion (griechisch: Sohn des Cäsar) gab. Cäsar weigerte sich jedoch, ihn zu seinem Erben zu machen und setzte stattdessen seinen Großneffen Octavian als Erben ein. Kleopatra und Cäsarion begaben sich zwischen 46 und 44 v. Chr. nach Rom und waren dort anwesend, als Julius Cäsar ermordet wurde. Kleopatra schloss 41 v. Chr. eine politische Allianz mit Marcus Antonius und heiratete ihn schließlich. Marcus Antonius regierte zu dieser Zeit die östlichen Mittelmeerregionen, die den Römern gehörten. Ende 34 oder Anfang 35 v. Chr. wurden Kleopatra und Cäsarion als gemeinsame Herrscher von Ägypten gekrönt. Der Machtkampf zwischen Antonius und Octavian (Augustus) der mit der Niederlage der ägyptischen Flotte bei Actium 31 v. Chr., einem Seegefecht zwischen der ägyptisch-römischen und der römischen Flotte unter Marcus Vipsanius Agrippa. Noch während der Schlacht verließ Kleopatra den Kampfplatz und ihre ägyptisch-römische Flotte wurde besiegt. Kleopatra tötete sich – auch nicht schlecht - durch Schlangenbiss.

„Filmtipp": der Film „Kleopatra" mit Elisabeth Taylor in der Hauptrolle und Richard Burton als Cäsar ist hervorragend und mehr als nur sehenswert. Nur mal so am Rande erwähnt.

Kurt Cobain

20. Februar 1967 in Hoquaim (Washington); † 5. April 1994 in Seattle; Kurt Donald Cobain war Sänger und Gitarrist bei der

Band Nirvana und einer der einflussreichsten Musiker des Grunge.

Kurt Cobain war das, was er eigentlich nie wirklich sein wollte und was ihn letztendlich auch zugrunde gerichtet hat. Ein Idol, der Mythos, die Ikone einer ganzen Generation. Mit seiner Band „Nirvana" wurde er zum Helden bzw. Antihelden und einer der einflussreichsten Musiker des Grunge. Cobains bekanntestes Lied ist die Grunge-Hymne „*Smells Like Teen Spirit*". Am 5. April 1994, im Alter von nur 27 Jahren, tötete er sich auf dem Dachboden seiner Garage, als er sich wahrscheinlich eine Überdosis Heroin nahm und sich anschließend mit einer Schrotflinte in den Mund schoss. Seine Leiche wurde erst 3 Tage später von einem Elektriker gefunden. Wie auch bei anderen Rockstars ging die Mystifizierung seiner Person aber erst so richtig los, nachdem er sich das Leben genommen hatte. Die Gerichtsmediziner konnten ihn angeblich nur noch anhand seines Gebisses identifizieren. Sein Tod regte übrigens eine Reihe von Nachahmern an, sich gleichfalls umzubringen.

Kaiser Nero

15. Dezember 37 n. Chr.; † 9. Juni 68 n. Chr.; Nero, mit vollem Namen Nero Claudius Caesar Augustus Germanicus, war von 54 bis 68 Kaiser des Römischen Reiches und Künstler. Der röm. Kaiser Nero (bitte, bitte nicht mit Sir Peter Ustinov aus Quo Vadis verwechseln, auch wenn es so leicht fällt) wird gerade auch aufgrund dieses Film immer wieder mit dem Brand Rom in Zusammenhang gebracht. Historisch gesehen ist dies allerdings falsch. Zwar brach in Rom in der Nacht vom 18. zum 19. Juli 64 ein Brand aus, der sich durch starken Wind, dichte und hohe Bebauung rasch ausbreitete und innerhalb von 9 Tagen einen großen Teil Roms vernichtete. Tatsächlich aber befand sich Nero zu diesem Zeitpunkt in seinem 50 Kilometer weit entfernten Geburtsort, während der Palatin in Flammen stand. Wahrscheinlich brach der Brand, wie viele andere auch, auf einem Marktplatz durch Unvorsichtigkeit aus. Dennoch ist Nero als Brandstifter Roms in die Geschichte eingegangen. Zwei Jahre später (66) reiste Nero nach Griechenland, wo er an

den olympischen Spielen teilnahm. Er kehrte erst im Januar 68 unter großem Jubel nach Rom zurück, gab sich jedoch ganz seinen Vergnügungen hin, besuchte Theater und Konzerte und trat selbst als Künstler auf. Adlige Prätorianer und der Senat beschlossen letztendlich, den Kaiser, der inzwischen auch vom Volk verhöhnt wurde, zu stürzen. Nero floh daraufhin aus der Stadt. Als sich jedoch Reiter seinem Zufluchtsort näherten, stieß er sich einen Dolch in die Kehle. Fast vier Jahre nach dem Brand Roms. Der Überlieferung nach sollen seine letzten Worte „Qualis artifex pereo" ("Welch ein Künstler stirbt mit mir!") gewesen sein –. Wer kann das schon von sich behaupten!

Auch hier natürlich ein Filmtipp: „Quo Vadis", mit dem bereits erwähnten Sir Peter Ustinov in der Rolle des Nero.

Klaus Mann

18. November 1906 in München; † 21. Mai 1949 in Cannes; Klaus Mann war ein deutscher Schriftsteller (Romane, Erzählungen, Dramen, Essays) und der älteste Sohn von Thomas Mann (1875-1955).

Zeit seines Lebens litt Klaus Mann unter der übermächtigen Figur seines Vaters Thomas Mann. Im Gegensatz zu diesem, der seine homophilen Neigungen nie offen auslebte, bekannte sich Klaus Mann offen zur Homosexualität. Des Weiteren kokettierte er mit dem inzestuös anmutenden innigen Verhältnis zu seiner Schwester Erika. Er war zeitweise Drogenabhängig und konnte auch durch zwei Entziehungskuren (1937 und 1938) nicht geheilt werden. Klaus Manns von der nationalsozialistischen Machtergreifung verursachte Entwurzelung sowie seine für einen Schriftsteller und Journalisten besonders einschneidende Abtrennung von der deutschen Sprache, sein offener Umgang mit seiner Homosexualität, später sein Vorwurf, die neue Bundesrepublik Deutschland vertusche viele Skandale der Nazizeit, seine daraus resultierten Geldprobleme, all dies Zusammen führte letztendlich dazu, dass er schließlich wohl keinen Ausweg mehr sah. Klaus Mann starb am an einer Überdosis Schlaftabletten. 1949 hatte er sein Tagebuch mit folgenden

Worten begonnen: „Ich werde diese Notizen nicht weiterführen. Ich wünsche nicht, dieses Jahr zu überleben."

Stefan Zweig

28. November 1881 in Wien; † 23. Februar 1942 in Petropolis (bei Rio de Janeiro); Stefan Zweig war ein bedeutender österreichischer Schriftsteller.

Stefan Zweig veröffentlichte bereits während seines Studiums erste Gedichte, und 1904 erschien seine erste Novelle. Neben eigenen Erzählungen und Essays arbeitete er auch als Übersetzer, u. a. der Werke von Baudelaires, und als Journalist. 1933 ergriffen bekanntlich ja die Nationalsozialisten in Deutschland die Macht und Stefan Zweig orientierte nach London. Im Jahre 1936 wurden seine Bücher in Deutschland von den Nazis verboten. Auch seine erste Ehe wurde geschieden und als 1938 Österreich von Deutschland „Heim ins Reich" geholt wurde, siedelte er ganz nach England über. Und auch ein zweites Mal heiratete er. Nach Ausbruch des Zweiten Weltkriegs nahm er die englische Staatsbürgerschaft an. Dann verließ Stefan Zweig London und gelangte über die Stationen New York, Argentinien und Paraguay nach Brasilien. Dort brachte er sich, basierend auf seiner Meinung, dass er den Untergang des Dritten Reiches nie erleben würde und somit "aus freiem Willen und mit klaren Sinnen", d. h. aus Schwermut über die Zerstörung seiner "geistigen Heimat Europa", gemeinsam mit seiner zweiten Frau um.

Fazit: man sollte nie den Tag vor dem Abend loben!

Edgar Allen Poe

19. Januar 1809 in Boston; † 7. Oktober 1849 in Baltimore; Edgar Allan Poe war ein US-amerikanischer Schriftsteller.

Auch die Kindheit von Edgar Allen Poe verläuft nicht allzu rosig. Sein Vater hatte die Familie ein Jahr nach seiner Geburt verlassen und tauchte nie wieder auf, und seine Mutter stirbt ein

Jahr später an Tuberkulose. Später dann adoptiert, verstand er sich (angeblich) nie wirklich gut mit seinem Adoptivvater. 1836 heiratete er seine 13-jährige Cousine („Mann" gönnt sich ja sonst nichts!), die bereits 11 Jahre später verstarb. Edgar Allen Poe hatte einen sehr großen Einfluss auf die Entwicklung der phantastischen Literatur und auch auf die Kriminalliteratur. Des Weiteren gilt er als einer der Erfinder der Detektivgeschichte und des deduktiv arbeitenden Krimihelden, welcher seine Fälle durch Logik und Wissenschaftlichkeit löst. Edgar Allen Poe unternahm in Folge seiner Trinksucht zahlreiche Selbstmordversuche. Als er sich zur Behandlung dessen im Washington College Hospital befand, war er letztlich doch erfolgreich mit seinem Vorhaben. Ob er außer Alkohol andere Suchtmittel konsumierte, steht nicht mit Sicherheit fest.

Sokrates

469 v. Chr.; † 399 v. Chr. war ein griechischer Philosoph; Sokrates lebte und wirkte in Athen.

Sokrates wurde als Sohn des Bildhauers Sophronikos und der Hebamme Phainarete in Athen geboren (nein, die beiden muss man nicht kennen). Verheiratet war er mit Xanthippe (die vielleicht schon eher). Allerdings wird die verbreitete Ansicht, sie sei ein durch und durch zänkisches Weib gewesen, durch Quellen nicht wirklich belegt. Im Jahr 399 v. Chr. wurde Sokrates wegen Gottlosigkeit und verderblichem Einfluss auf die Jugend angeklagt. Mit Stimmenmehrheit wurde er von der demokratischen Ratsversammlung Athens für schuldig befunden. Nach damaligem Brauch durfte Sokrates eine Strafe für sich selbst vorschlagen, verhöhnte jedoch die Richter, indem er eine Belohnung forderte. Schließlich starb er durch Trinken des sog. Schierlingsbechers. Er ist der einzige in der Liste, der indirekt zum Selbstmord gezwungen wurde. Alle anderen taten dies aus freien Stücken. Sokrates gilt als eine der Hauptgestalten der griechischen Philosophie und des abendländischen Denkens. Er selbst hat nichts Schriftliches hinterlassen.

Hannibal

um 247 v. Chr. in Karthago; † 183 v. Chr. in Bithynien; Hannibal Barkas gilt als einer der größten Feldherren der Antike, da er Rom im Zweiten Punischen Krieg (218–201 v. Chr.) die letzten schweren Niederlagen beibrachte, bevor die Stadt am Tiber zur Weltmacht aufstieg.

Hannibal war der Sohn des karthagischen Feldherrn Hamilkar Barkas. Mit 9 Jahren musste er angeblich auf Veranlassung seines Vaters den Römern ewige Feindschaft schwören. Berühmt geworden ist er u. a. durch seine Alpenüberquerung. Mit wahrscheinlich mehr als 55.000 Soldaten und 37 Kriegselefanten auf einem heute nicht mehr genau zu bestimmenden Pass überquerte Hannibal diese. Bei seiner Ankunft in Italien waren noch ca. 26.000 Soldaten (20.000 Fußsoldaten und 6.000 Reiter) übrig. In den nun folgenden Schlachten gegen die Römer brachte er diesen jedes Mal vernichtende Niederlagen bei. Hannibals Heer zog jahrelang durch Italien, und obwohl einige wenige italische Bundesgenossen Roms zu ihm übergingen, war das karthagosche Heer nicht mehr stark genug für einen endgültigen Sieg über Rom. Als Hannibal 211 v. Chr. vor die Tore Roms zog, erschallte der berühmte Ausruf: "Hannibal ad portas" – „Hannibal (ist) bei den Toren". Er zog sich aber letztendlich zurück und hielt sich noch mehrere Jahre in Italien auf, konnte aber wegen mangelnder Verstärkung die Römer nicht mehr angreifen. Angeblich soll einer seiner Generäle soll zu ihm gesagt haben: "Du verstehst zwar zu siegen, Hannibal, aber nicht den Sieg zu nutzen!" Der römische Feldherr Scipio, nebenbei erwähnt ein Bewunderer Hannibals, entschied sich, diesen nicht direkt anzugreifen, sondern stattdessen nach Afrika überzusetzen und so Karthago selbst zu bedrohen. Daraufhin kehrte Hannibal mit den Resten seines Heeres in seine Heimat zurück. Bei Zama erlitt er 202 v. Chr. seine erste, aber kriegsentscheidende Niederlage gegen die Römer. Nach dem Friedensschluss versuchte Hannibal, die politische und militärische Macht Karthagos wieder aufzubauen. Jedoch zwangen Ihn seine inneren Gegner in den östlichen Mittelmeerraum zu fliehen. Um der Auslieferung an Rom zu entgehen, beendete er sein Leben, indem er Gift trank.

Heinrich von Kleist

18. Oktober in Frankfurt (Oder); † 21. November 1811 in Berlin-Wannsee; Bernd Heinrich Wilhelm von Kleist war ein preußischer Dramatiker, Erzähler, Lyriker und Publizist.
Heinrich von Kleist verlor früh die Eltern. Er kam anschließend vorwiegend unter weiblichen Erziehungseinfluss und stand besonders seiner Stiefschwester Ulrike sehr nahe. Nach alter Familientradition trat er 1792 ins 1. Garderegiment, nahm aber 1799 den Abschied, um an der Universität seiner Vaterstadt zu studieren. 1800 ging er nach Berlin, um dort eine Anstellung zu finden, fuhr 1801 nach Paris und bekam auch solchen Ekel vor den Wissenschaften, dass er in die Schweiz floh, um dort "ein Bauer zu werden". Die nächsten Jahre treibt es ihn mal hier, mal dort hin. Heinrich von Kleist ist in Weimar, Jena, Leipzig, Dresden, in Lyon und Paris. Oft von Gemütserregungen, die sich bis zu Wahnsinnsanfällen und schweren Nervenleiden steigern, hin- und hergeworfen. Als er sein Vermögen verzehrt hatte, bewarb er sich 1804 um eine Anstellung und wurde 1805 Diätar in Königsberg. Als ihm aber die Königin Luise aus ihrer Privatschatulle eine Pension auswarf, wanderte er 1807 nach Berlin. Der Tod der Königin 1810 raubte ihm die Pension und somit seines Geldes. Als er nahezu Mittellos geworden war nahmen die Gedanken an einen Selbstmord Überhand. Heinrich von Kleist suchte und fand eine Begleiterin für diesen Weg. Es war die an Krebs erkrankte Henriette Vogel. Mit deren Einverständnis erschoss er zuerst sie und dann sich selbst.

Dalida

* 5. Januar 1933 in Kairo, † 3. Mai 1987 in Paris; Dalida, eigentlich Yolanda Gigliotti, war eine Schlagersängerin und Schauspielerin.

Dalida fand internationale Beachtung mit Hits wie „Bambino" und „Ciao, ciao Bambina". Es sollen von ihr weltweit schätzungsweise ca. 40 bis 60 Millionen Schallplatten verkauft worden sein. In ihrem Leben wechselten sich glanzvolle Erfolge mit privaten Tragödien ab. 1954 wurde sie zur Miss Ägypten gewählt und wirkte in kleinen Nebenrollen in zu Beginn v. a. ägyptischen Filmen mit. Dalidas Laufbahn als Sängerin in Frankreich begann 1956. Bereits die erste Schallplatte, der bereits erwähnte Hit „Bambino", brachte ihr die erste Goldene Schallplatte ein. Nun erschien ihr Name häufig in den internationalen Hitparaden. Tragisch endete die Teilnahme am Festival in San Remo von Dalida und ihrem Freund, dem italienischen Komponisten und Sänger Luigi Tenco. Erst sang Tenco, dann Dalida das Chanson „Ciao amore, ciao". Vom Lampenfieber gelähmt, versagte Tenco jedoch die Stimme, während Dalida hingegen bejubelt wurde. Noch in der Nacht nach dem Festival schrieb Tenco seinen Abschiedsbrief und tötete sich dann durch einen Schuss in den Kopf. Dalida, die ihn tot aufgefunden hatte, musste von zwei Männern vom Leichnam getrennt werden. Danach war Dalida innerlich wie tot und plante, Tenco in den Tod zu folgen. Sie schrieb ihr Testament und versuchte vergeblich, sich mit einer Überdosis Schlaftabletten zu vergiften. Nach fünf Tagen wachte sie wieder aus dem Koma auf. Es gelang ihr allerdings, ihre damalige Krise mit Hilfe der Psychoanalyse zu überwinden. 1970 beging dann ihr früherer Mann Lucien Morisse mit 41 Jahren Selbstmord. Seit 1972 war der Maler und Sänger Richard Chanfray der neue Lebensgefährte von Dalida. 1983 brachte auch er sich um. An einem Sonntag gegen 18 Uhr wurde Dalida in ihrem Pariser Haus in Montmarte von einer Hausangestellten tot aufgefunden. Die Polizei teilte mit, dass sie sei an einer Überdosis Schlaftabletten gestorben war. Ihr Abschiedsbrief bestand nur aus einem Satz: "Das Leben ist mir unerträglich geworden – vergebt mir."

Ernst Ludwig Kirchner

6. Mai 1880 in Aschaffenburg; † 15. Juni 1938 in Frauenkirch-Wildboden (bei Davos); Ernst Ludwig Kirchner war ein deutscher Maler des Expressionismus.

Ernst Ludwig Kirchner gilt als einer der bedeutendsten und einflussreichsten Vertreter der expressionistischen Malerei in Deutschland. Seine Werke umfassen Ölgemälde, Zeichnungen, Radierungen, Holzschnitte und Holzskulpturen. Gemeinsam mit Fritz Bleyl, Karl Schmidt-Rottluff und Erich Heckel gründete er 1905 in Dresden die Künstlergruppe "Brücke". Zu seinen bekanntesten Motiven gehören neben seinen zahlreichen Aktbildern vor allem die so genannten Berliner Straßenbilder, die unmittelbar vor dem Ersten Weltkrieg entstanden. Wie viel seiner Zeitgenossen auch meldete sich Ernst Ludwig Kirchner zu Beginn de Ersten Weltkrieges als Freiwilliger und wurde Fahrer bei einem Artillerierregiment. Nur wenige Monate ertrug er den Drill, dann erfolgte seine Beurlaubung. In einem Sanatorium sollte er dann wieder "kriegstauglich" gemacht werden - Bemühungen, die Kirchner selbst jedoch nicht förderte. Ernst Ludwig Kirchner lebte seit 1923 bei Davos (in der Schweiz) in zunehmender Zurückgezogenheit. Deutschland besuchte er nur noch selten. Indes feierte seine Kunst internationale Erfolge. Sein Malstil wurde in seiner letzten Schaffensphase immer abstrakter. Mit dem Machtantritt der Nationalsozialisten wurden in Deutschland hunderte Werke Kirchners aus den Museen entfernt und beschlagnahmt. Später wurden dann einige Gemälde Kirchners im Rahmen der Ausstellung "Entartete Kunst" gezeigt. Es waren diese Erfahrungen und auch persönliche Enttäuschungen, eine zunehmende Isolation und Krankheit, die ihn in eine schwere Depression verfallen ließen. Er setzte seinem Leben mit einem Pistolenschuss ins Herz ein Ende.

Menschen, die sich mal besser umgebracht hätten

Geht es euch nicht auch so, dass Ihr manchmal von einigen Mitmenschen dermaßen genervt seid, dass euch da ein Selbstmord dieser Personen wie eine Erlösung vorkommt? Nicht, dass man irgendeinem etwas Böses gönnt. Mitnichten! Aber es wäre schon eine Erlösung, wenn sich diese Leute selbst aus dem Leben kicken würden. Hier einige Beispiele von (mehr oder minder) prominenten Personen, bei denen ein vorzeitiges (natürlich selbstverschuldetes) ableben teilweise sogar Begeisterungsstürme auslösen würde. Hier drei mehr oder minder prominente Beispiele:

ZENSIERT

ZENSIERT

ZENSIERT

Tja, an dieser Stelle sollten jetzt eigentlich ein paar Beispiele kommen. Aber mit Rücksicht auf die sog. Prominenten habe ich doch mal davon Abstand genommen. Na ja, ich will ganz ehrlich sein, ich davon Abstand genommen um der eventuellen Verklagungswut der betreffenden Personen zu entgehen. Ja ja, ich bin ein Feigling. Ich weiß.

Schlusswort Teil 3

Mit dieser dubiosen Auswahl will ich dann auch den ersten Teil beschließen Ich hoffe mal, er enthielt ebenso Anregens- wie Wissenswertes. Und wenn nicht, was soll's.

Teil 4 – Vorbereitungen

So. Nach dem ganzen theoretischen geblubber gehe ich jetzt mal so langsam ans eingemachte. D. h. nichts anderes: es geht mit dem eigentlichen Thema los. Das Blabla haben wir also hinter uns gelassen. Aber ich wollte dem ganzen zumindest den Hauch eines intellektuellen Anstrichs geben. Nun folgen, halbwegs geordnet - hoffe ich doch mal - die entsprechenden Vorschläge, wie die Vorbereitungen denn nun konkret auszusehen haben.

Die Qual der Wahl

Die unterschiedlichen Möglichkeiten, freiwillig aus dem Leben zu scheiden, scheinen schier unendlich. Hier soll nun ein Szenario von verschiedenen Möglichkeiten durchgespielt werden. Berücksichtigt werden sollen bei dieser Vorstellung:

- der Grad der Intelligenz (wenn denn Vorhanden, oder besser gesagt, die mangelnde Intelligenz)
- der Schwierigkeitsgrad
- die Verfügbarkeit der entsprechenden Mittel
- und die finanziellen Aufwendungen.

Bei letzterem Punkt sollte euch aber bewusst sein, dass das ja euer letzter finanzieller Aufwand ist und ihr eigentlich keine Kosten (und auch Mühen) scheuen solltet. Die buckelige Verwandtschaft, die ansonsten eure Kohle (falls vorhanden) erben sollte, kann euch ja nun wirklich einen Scheiß interessieren.

Die Wahl des Mittels bzw. die Art und Weise wie ihr euch umzubringen gedenkt hängt des Weiteren von folgenden Faktoren ab:

- durch seine Greifbarkeit,
- durch seine Schmerzlosigkeit
- durch seinen Schmerz
- durch seinen Symbolwert (dieser veranlasst beispielsweise Frauen, seltener als Männer die Schusswaffe zu gebrauchen),
- durch das gesellschaftliche Image des Mittels bzw. der Art und Weise (im positiven wie im negativen Sinne).

Entsprechen der Verfügbarkeit dieser Mittel bzw. der spezifischen Situationen werden dann auch die entsprechenden Vorschläge gemacht.

Verfügbarkeit der entsprechenden Mittel

Darüber nachzudenken gehört mit zu den wichtigsten Vorbereitungen. Denn was nützt einem die schönste Theorie, wenn man nicht die Möglichkeit oder die Mittel hat, diese in die Praxis umzusetzen. Je nach dem, was für eine finale Aktion ihr geplant habt, müsst ihr euch bewusst sein, ob ihr die entsprechenden Mittel zur Verfügung habt bzw. ob ihr sie euch besorgen kann. Nicht jeder, der sich erschießen will, hat z. B. eine Waffe im Haus, geschweige denn, das er weiß, wie er (oder sie) sich besorgen kann. Das gleiche gilt natürlich auch für Medikamente (je nach dem, was man gerne nehmen möchte – obwohl – hier ist es noch relativ einfach, sich selbst die entsprechende „Dosis" zu besorgen), Gifte (woher - z. B. Zyankali – nehmen, und nicht stehlen) usw.

Wahl des Ortes

Auch die Wahl des Ortes ist – je nach dem, wie Ihr gerade so vorhabt, euch umzubringen – schon eine nicht zu vernachlässigende Größe.
Beim Aufhängen z. B. spielt die Wahl des Ortes natürlich eine gewisse Rolle. Ihr könnt euch in euren eigenen vier Wänden oder draußen in freier Natur erhängen, Hauptsache, ihr werdet nicht gestört. Da können dann immer kleine Problemchen auftreten. Auf der einen Seite sind Wohnungen oftmals nicht hoch genug, um sich bequem zu erhängen (es sei denn, Ihr seid von Natur aus nicht gerade die Größten). Oftmals kann auch noch unverhofft die ewig störende Ehefrau oder Freundin (oder halt der Freund) hereinplatzen oder, schlimmer noch, die Schwiegermutter. Auf der anderen Seite ist die Wahl z. B. des Baumes gar nicht so einfach, denn es sollte natürlich eine nicht allzu belebte Stelle sein (also, ein halbwegs einsames Wäldchen ist da schon angesagt) und auch der entsprechende Ast lässt sich natürlich so leicht auch nicht finden. Schließlich wollt ihr weder eine Kletterpartie machen noch soll der Ast mit eurem Gewicht abbrechen.
Also zieht daraus die Konsequenzen und bereitet euch bitte entsprechend vor. Messt die Höhe des Wohnraumes bzw. Ortes

aus (es kann ja auch der Keller, der Speicher oder ein Schweinestall sein) und sucht euch einen günstigen Zeitpunkt, damit ihr nicht gestört werdet. Das gleiche gilt auch für die Suche nach einem geeigneten Baum. Eine Tanne oder ein gerade paar Jahre altes Apfelbäumchen ist da natürlich nicht allzu geeignet. Nehmt z. B. eine echte, alte deutsche Eiche, da werdet ihr schnell zufrieden gestellt. Kleidungsmässig (siehe dazu auch: „Wahl des Outfits") solltet ihr auch etwas legerer gekleidet sein, da Hemd und Krawatte beim umlegen des Stricks natürlich hinderlich sein können. Berücksichtigt also diese Punkte und übt noch ein bisschen, z. B. einen guten Knoten mit dem Seil bzw. Strick (das Ihr übrigens in jedem guten Baumarkt finden könnt), dann ist das ganze eine einfache Sache ohne größere Probleme.

Wenn Ihr vorhabt, euch zu vergiften, sollte das schon in den eigenen vier Wänden geschehen. In eurer Lieblingskneipe fällt das schon auf (oder auch nicht) und kommt irgendwie nicht ganz so nett rüber.

Auch sonst sollte man ganz allgemein die Öffentlichkeit meiden, wenn man vorhat, sich umzubringen. Das gilt natürlich insbesondere, wenn dies mit Hilfe einer Schusswaffe geschehen soll. Dies könnte schon zu leichten Irritationen in der Öffentlichkeit führen. Das gilt aber auch für den Herzstich oder das Pulsadern aufschneiden. Abgesehen davon, dass das – i. d. R. doch wohl eher unfreiwillige – Publikum wohl recht wenig davon angetan sein könnte. Nein es könnte euch natürlich auch daran hindern – oder es zumindest versuchen – wenn Ihr finito machen wollt. Ihr seht, die Öffentlichkeit als Ort sollte vorher wohl überlegt sein.

Wenn Ihr vorhaben solltet, vor den Zug (oder die Straßenbahn) zu springen, sollte das auch nicht unbedingt zu den Hauptstoßzeiten geschehen. Zum einen, weil Ihr nachher nicht gerade einen schönen Anblick abgebt, zum anderen könntet Ihr auffallen und man könnte versuchen, euch bei der Ausübung zu hindern und diese dadurch ganz zu verhindern.

Wenn Ihr natürlich politisch motiviert seid und euch verbrennen wollt, ist es allerdings nicht gerade im Sinne des Erfinders, wenn Ihr das im Keller oder irgendwo im stillen Kämmerlein macht. Da müsst Ihr schon die Öffentlichkeit suchen (und auch finden) Ein einsames Wäldchen oder das Bahnhofsklo ist da schon weniger geeignet.

Ich will hier jetzt nicht die komplette Selbstmordvariantenarie durchgehen. Fürs erste (und ich denke auch insgesamt) sollten diese Beispiele jetzt genügen.

Tod in der Einsamkeit oder die pralle Aufmerksamkeit

Wenn ihr nun endlich den entscheidenden Schritt wagt und ihr bereit seid, müsst ihr euch darüber im Klaren sein, ob ihr still und einsam oder unter der prallen Aufmerksamkeit der Massen dahinscheiden wollt. Da sind zwei Fragen von Interesse, die ihr euch schon stellen müsst. Seid ihr eine Art von „Privatselbstmörder" oder wollt ihr ein politisches Fanal setzen? Von dieser Entscheidung hängt natürlich nicht nur die Art und Weise eures Versuchs ab, sondern damit sind wir mal wieder bei der Wahl des Ortes. Aber darüber habe ich mich ja nun schon ausgelassen. Schaut einfach dort nach.

Selbstmord vor einer laufenden Kamera

Diejenigen unter euch, die die pralle Aufmerksamkeit Zeit ihres Lebens über alles geliebt haben, können sich ja selbst auf Zelluloid bannen. Sozusagen ein Dokument für die Ewigkeit. Natürlich beeinträchtigen diese Filmaufnahmen die Auswahlmöglichkeiten bezüglich der von euch bevorzugten Selbstmord-Methode. Das sollte euch schon klar sein. Denn schließlich könnt ihr beim besten Willen NICHT hinter der Kamera stehen. Wie wollt ihr euch beispielsweise selbst aufnehmen, wenn ihr von einer Brücke springen wollt? Zugegeben, unmöglich ist dies nicht. Aber doch äußerst schwer zu realisieren. Selbst für die gestandenen Hobbyfilmer unter euch. Und irgendjemanden Fragen, ob er/sie euch aufnehmen will, na ja, auch nicht ganz so einfach. Vor allem könnte die Person ja durchaus rechtlich dafür belangt werden, dass sie euch, statt von eurer Tat abzuhalten, seelenruhig gefilmt hat. Erschießen, erstechen oder erhängen sind da willkommene Alternativen. Da muss man nur die

Kamera auf einen fixen Punkt ausrichten, wo ihr euch dann letztendlich für eure Aktion postieren werdet, und Schwupps,

„Kamera"
„ Action"
„ Feierabend"!

Wahl des Outfits

Es stellt sich natürlich auch die Frage, was ziehe ich denn eigentlich an? Das heißt, eigentlich muss man natürlich auch gar nichts anziehen. Seit Ihr ein Leben lang Eitel gewesen, warum jetzt mit einem Stilbruch aus dem Leben scheiden? Warum aber auch nicht. Das gleiche gilt natürlich auch für die Schlunze unter euch, die Ihr nicht nur ein Leben lang Scheiße wart, sondern auch ein Leben lang scheiße ausgesehen habt bzw. scheiße herumgelaufen seit. Da hättet Ihr mal die Möglichkeit (und glaubt mir, es ist wirklich die letzte), euch mit Stil und Würde zu präsentieren.
Es ist aber nicht nur eine Frage der Eitelkeit, worüber wir hier „reden". Es ist auch eine Frage des Pragmatismus. Man wäscht ja auch nicht seinen Wagen im Smoking. Die Frage nach dem richtigen Outfit korrekt zu beantworten, hängt natürlich in erster Linie von der Art und Weise ab, wie Ihr aus dem Leben zu scheiden gedenkt. Wird es also eine saubere Aktion oder z. B. etwas blutig?
Ein weiterer Gesichtspunkt ist natürlich auch die Verfügbarkeit des entsprechenden Outfits. Wer ein Leben lang schlicht und einfach scheiße (Outfittechnisch gesehen natürlich) war, der hat wohl kaum einen Smoking im Schrank. Aber da es ja – wie schon x-fach erwähnt – eure letzte Tat sein soll, könntet Ihr euch schon ein paar Gedanken darüber machen.

Musikalische Untermalung

Als Mensch mit Stil und Kultur legt man nicht nur Wert auf Kleidung und gutes Aussehen, nein, man scheidet natürlich auch mit musikalischer Untermalung im Hintergrund aus dem

Leben. Was für eine Musik ihr nehmt, hängt natürlich individuell von einem jedem selbst ab. Aber Vorsicht, während beispielsweise melancholische, depressive Musik für eure Tat nur unterstützend sein kann, könnte natürlich eine gute Laune Partymusik durchaus das Gegenteil bewirken. Des Weiteren ist die Musik (und deren Lautstärke) natürlich von der Wahl des Ortes bzw. seiner Umgebung abhängig. So passend, wie ein Musikalischer Hintergrund beim bzw. nach dem Aufschneiden der Pulsadern und dem langsamen ausscheiden ist, so unpassend und überflüssig ist die Musik natürlich bei einem Fenstersturz. Aufpassen solltet ihr natürlich – völlig unabhängig von der Wahl eurer Musikrichtung – dass ihr nicht mit der Musik bzw. der Lautstärke irgendwelche Menschen auf euch und - im schlechtesten Fall – auf euer Vorhaben aufmerksam macht.

Noch am „letzten" Tag einen drauf machen

Jetzt mal ehrlich: in Anbetracht der Tatsache, dass in wenigen Stunden alles vorbei sein soll, warum nicht noch einmal so richtig das Leben genießen. Mit Wein, Weib und Gesang oder was weiß ich was ihr unter genießen denn so versteht. Noch eine Möglichkeit werdet Ihr ja wohl nicht mehr so schnell bekommen. Na ja, zumindest in diesem Leben nicht. Ich denke mal, dass man dies vielleicht noch einmal nutzen sollte. Zumindest in Betracht ziehen sollte man es. Vielleicht macht ihr auch einfach nur mal das, was ihr schon immer mal machen wolltet, und ihr euch noch nie getraut habt oder ihr noch nie die Zeit für gefunden habt oder was weiß denn ich?

Die letzten Stunden

Die letzten Stunden vor dem Ende, wie soll man sie denn nun verbringen. Alleine, in Gesellschaft, nachdenklich, entspannt, sich auf die Tat vorbereitend? Die Beantwortung dieser Frage hängt ausschließlich von einem selber oder, bes. gesagt, von den Charaktereigenschaften eines einzelnen ab. Wenn man Zeit seines Lebens ein geselliger Mensch war, warum mehr oder weniger kurz vor dem Ende darauf verzichten? Das gleiche gilt natürlich – unter umgekehrten Vorzeichen, für die Introvertierten. Auf der anderen Seite könnte ein fröhliches Treiben so kurz vor eurem Vorhaben durchaus hinderlich für eure Entschlusskraft sein bzw. werden. Aber auch der introvertierte könnte in seiner selbst gewählten Einsamkeit Weinkrämpfe erleiden, die es ihm unter Umständen unmöglich machen, sich selbst umzubringen.

Die letzten Minuten

Je nach dem, auf welche Art ihr euch nun davon macht – z. B. wenn ihr euch die Pulsadern aufschneidet oder ihr Tabletten nehmt – bleiben euch ja vielleicht noch eine paar Minuten, die ihr vielleicht sogar bei klarem Verstand erleben könnt. Was aber mit dieser Zeit noch einigermaßen Sinnvolles anfangen? Die Frau verprügeln? Den Rasen mähen? Oder noch ein Bier trinken gehen? Vielleicht den Wagen waschen? Nein. Sicherlich nicht. Da kann man doch durchaus anspruchsvolleres machen. Dichten oder Reimen wäre doch da etwas. Was haltet ihr denn beispielsweise von diesem Meisterwerk deutscher Dichtkunst:

> Erbes Erbe Erbe
> erbt Erbes Erbe
> Erbes Erbe erbt
> Erbes Erbe Erbe

Wenn man diese Zeilen ließt, da kann man doch nur eines sagen: Nein! Deutschland ist noch nicht verloren! Es ist und bleibt immer noch das Land der Dichter und Denker. Bis zum Schluss. Tja vielleicht fällt euch ja auch etwas derart Geniales ein. Gebt euch doch einfach mal ein bisschen Mühe.

Der ideale Zeitpunkt

Wenn Ihr nun endlich wisst, wie Ihr euch umzubringen gedenkt, was ihr tragen werdet und wo es denn nun stattfinden soll, stellt sich natürlich die Frage, zu welchem Zeitpunkt. Der Freitagabend z. B. ist eine sehr gute Zeit, vor allem, wenn du alleine lebst. Wenn nicht, versuche, deine(n) Mitbewohner auf irgendeine Art und Weise übers Wochenende aus dem Haus zu bekommen („Schatz, wie wäre es denn, wenn Du übers Wochenende mal wieder Deine Mutter besuchst?" oder verschenke ein Wochenende in einem Wellnesshotel oder oder oder... Die Möglichkeiten sind hier ebenso vielfältig wie viele einfältig sind. Denkt euch halt etwas aus. Aber versucht es dann bitte so hinzubiegen, dass niemand Verdacht schöpfen könnte, was Ihr über das Wochenende wirklich vorhabt.) Niemand wird euch also bis zum Arbeitsbeginn am Montag vermissen. Verschließt soweit wie möglich alle Türen und Fenster. Erzählt außerdem möglichst überall herum, dass ihr übers Wochenende jemanden besuchen wollt und somit nicht zu Hause seid. So wird niemand einen telefonischen Rückruf von dir erwarten. Ansonsten, einfach Anrufbeantworter an. Das war's.

Preisgünstige Methoden

Bei dem unterschiedlichen Sammelsurium an verschiedenen Selbstmordarten kann natürlich auch der Preis eine entscheidende Rolle spielen. Für die Geizigen unter euch stellt es sicherlich einen Alptraum dar, dass euer bester Anzug mit Blut verschmiert wird, wenn Ihr euch beispielsweise die Pulsadern aufschneidet. Aber im Unterhemd abtreten – oder gar nackt, igitt, wie stillos! Für solche Herrschaften ist da die Tablettenmethode empfehlenswert. Nur, wenn ihr da etwas falsch dosiert oder generell die falschen Tabletten nehmt, ist es durchaus wahrscheinlich, dass ihr euch voll kotzt. Aber, vielleicht erstickt ihr ja auch an dem erbrochenen. Aber insgesamt betrachtet sind alle Methoden mehr oder weniger preisgünstig, wenn ihr nicht gerade eine Himalaja-Expedition unternehmt um euch dort von einem Berg zu stürzen. Schließlich und letztendlich könnt ihr ja auch auf irgendeine Art und Weise die Kosten euren Nachfahren bzw. den Erben aufbürden. Dann seid ihr diese Sorge los. Bei einem misslungenen Selbstmord ist es übrigens wahrscheinlich, dass ihr für die eventuell entstandene Kosten bzw. Folgekosten aufkommen müsst.

Schneller bzw. langsamer Selbstmord

Die Alternativen bei schnellen und langsamen Selbstmord sind auf das Individuum selbst zu beschränken, das heißt auf gut Deutsch: ihr müsst schon selbst wissen, auf welche Art zu Sterben ihr nun einmal steht. Soll es sehr schnell und möglichst schmerzlos sein oder bevorzugt ihr den langsamen und qualvollen Tod?

Versuch mit Hilfe eines Munter- bzw. Mutmachers

Man muss nicht immer in trübseliger Stimmung von dieser Welt gehen. Wenn ihr nicht bei guter Laune seid oder euch etwa der Mut fehlt oder ihr auch nur ganz einfach etwas lockerer sein wollt, ist es empfehlenswert, sich vorher einen kleinen über den Durst zu trinken. Dabei müsst ihr aber in Anbetracht der Art und Weise, wie ihr euch Umzubringen gedenkt, allerdings berücksichtigen, dass zuviel des Guten euch unter Umständen einen Strich durch die Rechnung machen kann. Denkt also daran, dass ihr nicht über euer Ziel hinaus stoßt, denn sonst wacht ihr Tags darauf statt ohne einen Kopf nur mit einem dicken Kopf wieder auf. Es ist eine sehr wertvolle Hilfe für diejenigen, die ohnehin nichts in ihrem Leben geregelt bekommen haben und einen kleinen Anstoß benötigen. Dieselbe bzw. ähnliche Hilfe funktioniert auch mit Tabletten, sonstigen Pharmaka oder halt richtigen Drogen. Das müsst Ihr halt letztendlich schon selbst entscheiden.

Sich mit Gleichgesinnten austauschen

Seid ihr noch unentschlossen oder meint ihr, ihr wäret alleine auf der Welt mit eurem Vorhaben? Nein, natürlich mitnichten. Ihr braucht bloß ins Internet zu gehen, sucht euch das richtige aus, und kommuniziert mit Gleichgesinnten oder informiert euch, was halt so los ist in eurer Szene. So genannte Internet-Foren sollen übrigens der letzte Schrei von Hobby-Depressiven und den üblichen sonstigen Verzweifelten sein. Vielleicht gibt es ja auch eine Selbsthilfegruppe in eurer Nähe. Und wenn nicht, gründet doch halt eine. Mit euch als den ersten Vorsitzenden.

Entscheidungshilfe durch Fragebogen

Für die Unschlüssigen unter euch habe ich keine Kosten und Mühen gescheut, nur um diesen Fragebogen zu entwerfen. Wenn ihr euch also Unsicher über die Art und Weise seid, wie ihr am besten von dieser Welt scheiden wollt, füllt ihn doch mal kurz auf die schnelle aus. Danach dürftet ihr zumindest etwas weiter sein. Also, einfach das entsprechende Kreuzchen hinter der Frage bei Ja/Nein machen. Oder auf Ja/Nein das Kreuzchen machen. Ganz wie ihr es wollt.

Fragebogen:

- Soll es schnell gehen?   Ja/Nein
- Soll es langsam gehen?   Ja/Nein
- Blutig?   Ja/Nein
- Unblutig?   Ja/Nein
- Soll es eine saubere Sache sein (also z. B. keine riesigen Blutlachen oder aufgeplatzte Gedärme)   Ja/Nein
- Verfügt ihr über handwerkliches Geschick oder seid ihr z. B. Hobbybastler oder Tüftler?   Ja/Nein
- Qualvoll und mit Schmerzen verbunden?   Ja/Nein
- Definitiv ohne schmerzen?   Ja/Nein
- Zuhause?   Ja/Nein
- Woanders?   Ja/Nein
- Einsam und alleine?   Ja/Nein
- Vor Publikum?   Ja/Nein
- Soll es nicht als Selbstmord erkennbar sein   Ja/Nein
- Könnt Ihr es organisieren (d. h., habt Ihr die Möglichkeit, euer Ding auch so durchzuziehen, wie Ihr es geplant habt?)   Ja/Nein
- Ist das, was Ihr vorhabt, auch definitiv hundertprozentig sicher?   Ja/Nein

So, wenn Ihr diese Fragen beantwortet habt, dürftet Ihr der Lösung eures Problems schon wieder ein kleines Stückchen näher gekommen sein.

Teil 5 – Methoden

Nun ist es endlich soweit, der ganze theorielastige Kram liegt hinter uns und wir können zur Tat schreiten. Jetzt kommen ein paar Ideen bzw. Vorschläge, das Leben verkürzen zu können.

Gift

Bevor ich zum wesentlichen komme noch kurz – na ja, bisschen länger schon – eine Definition von Gift. Angefangen wird mit den Lateinern unter euch. Gift (= lateinisch Venenum Toxicum) ist jeder feste, gasförmige oder flüssige Stoff, der bei bestimmter Dosis im Körper Reizungen oder Schädigungen der Gewebe und Organe bewirkt, die zu Krankheit und Tod führen können. Praktisch wird sich allerdings jeder Stoff, der in genügend großer Menge zur Wirkung kommt, als Gift äußern; diese Wirkung ist von der Menge und der Empfindlichkeit des betroffenen Wesens abhängig. Hier eine Unterscheidung der spezifischen Gifte nach der Art ihrer schädigenden Wirkung:

- Ätzgifte: zerstören das Gewebe
- betäubende Gifte: wirken auf das Gehirn und seine Zentren
- reizende und erregende Gifte: steigern die Tätigkeit der Nerven, des Kreislaufs und des Stoffwechsels sowie die Verdauung
- Blutgifte: zersetzen das Blut.

Gifte können von außen an oder in den Körper gelangen oder auch im Körper selbst entstehen durch Fehlleistungen des Stoffwechsels und Bildung giftiger Stoffwechselprodukte oder durch Tätigkeit von Krankheitserregern. Die Wirkung von Gift hängt ab von:

- der Höhe der zugeführten Giftdosis
- der Konstitution des Vergifteten
- der Geschwindigkeit der Resorption (das ist die Aufnahme der gelösten Stoffe durch die Zellwände in das Zellinnere)

Je größer die Menge des benutzten Giftes ist (sowohl Mengen- als auch Inhaltsmässig), desto sicherer und schneller wird der Tod eintreten.

Rattenvernichtungsmittel

Da ihr ja ohnehin auf nichts mehr Bock habt, könnt ihr ja das Rattenvernichtungsmittel im Keller an euch selbst verfüttern. Ihr könntet es z. B. in den Kuchen mit einbacken (dann müsst ihr allerdings recht viel Kuchen essen) oder ihr nimmt es mit sehr viel Flüssigkeit ein. Da kann der Alkohol die Wirkung verstärken bzw. den eventuell vorhandenen Ekelreiz, dieses Zeug essen zu müssen, mindern oder vielleicht sogar ganz ausschalten. Manche Rattenvernichtungsmittel enthalten Thallium, das ist ein chemisches, dem Blei ähnliches Element, dessen tödliche Dosis bei ca. 15 mg/kg Körpergewicht Thalliumsulfat ist. Aufgepasst: nach dieser Mahlzeit treten anfänglich zumeist gar keine Symptome auf. Vielleicht müsst Ihr kotzen, aber das war es dann auch schon. Nach zwei bis vier Tagen kommt es zur Verstopfung, neuralgischen Schmerzen (besonders in den Beinen), Brust- und Bauchschmerzen, Durstgefühl und Schlaflosigkeit sowie schweren psychotischen Zuständen, die durch ausgesprochene hysterische Symptome charakterisiert sind. Außerdem kommt es zu völliger Haarlosigkeit, d. h. am Ende werdet ihr dann noch mit einem so genannten "Charakterkopf" belohnt. Der Tod tritt etwa drei bis vier Wochen nach Einnahme ein. Da es sich also um einen etwas langwierigen Prozess handelt, solltet ihr euch vorher schon ziemlich genau überlegen, ob ihr das auch bis zum Ende durchzieht. Ein Vorteil ist allerdings, dass durch Laien keine Hilfe zu eurer Rettung geleistet werden kann.

Pflanzenschutz- und Schädlingsbekämpfungsmittel

Zum Selbstmord mit Gift gehört natürlich auch die Gruppe der Pflanzenschutz- und Schädlingsbekämpfungsmittel. Diese finden sich u. a. bei den Hobbygärtnern unter euch. Man versteht darunter chemische und biologische Mittel, die zum Schutz der Pflanzen oder Pflanzenerzeugnisse gegen tierische und pflanzliche Schädlinge angewendet werden. Eigentlich logisch. Im weiteren Sinne aber auch Vorratsschutzmittel, Mittel zur Unkrautbekämpfung und Wachstumsregler. Auch hier gibt es die unterschiedlichsten Arten und Möglichkeiten.

Ein Beispiel – E 605

Ein populäres Beispiel ist die Einnahme von E 605. Jetzt wachen natürlich die "älteren" unter euch auf. Das zur Tötung von Schädlingen bestimmte Präparat E 605 ist sogar zu einem Modegift für Selbstmörder geworden. Es muss allerdings darauf hingewiesen werden, dass es sich um einen recht qualvollen Tod handelt. Wenn ihr also auf Schmerzen, Übelkeit etc. steht, ist es allerdings genau das richtige für euch. Bei E 605 tritt der Tod erst nach Stunden unter qualvollen Schmerzen und Krämpfen ein. Da das natürlich für die meisten nicht allzu angenehm ist, wäre ein so genannter kombinierter Selbstmord, d. h. zwei verschiedene Möglichkeiten mit einem gemeinsamen Ziel, in Betracht zu ziehen. Hier solltet ihr euch also, falls ihr die Schmerzen nicht aushalten könnt oder wollt, mit einer Entsprechenden Menge Alkohol zusätzlich die Kante geben (am besten auf die Schnelle eine recht hohe Anzahl von harten Drinks) oder ihr nehmt Zeitgleich eine entsprechende Dosis Schlaftabletten. Das alles macht die Sache insgesamt schmerzfreier, sicherer und auch schneller. Da in der Literatur bereits zahlreiche Fälle von Vergiftungen und auch Tötungsdelikte mit E 605 geschildert wurden, erfolgt der Verkauf im Handel als Pflanzenschutzmittel "E 605 forte" nur nach Vorlage eines Personalausweises. Es ist darüber hinaus noch vergällt, d. h. eigentlich für den Menschen ungenießbar gemacht worden, damit es nicht versehentlich geschluckt bzw. auf irgendeine Art und Weise unauffällig verabreicht werden kann. Häufig ist dabei auch ein stechender Geruch festzustellen. Allerdings sollte euch das alles letztendlich egal sein, denn ihr wollt ja schließlich nichts mehr genießen.

Zyankali

Ein gerade bei Politikern (z. B. Heinrich Himmler, auch genannt: „der getreue Heinrich" – zumindest vom „Führer" und seiner Umgebung) oder von Agenten bzw. Spionen (zumindest in Filmen) oft benutztes Mittelchen (dort haben die Akteure dieses zumeist in einem Zahn oder als Zahn versteckt). Zyankali (oder auch: Cyankali = ein äußerst giftiges, weißes, in Wasser leicht lösliches Salz) und andere Cyanide (Salze der Blausäure) spalten in Gegenwart von Säuren Blausäure ab. Wer sie einatmet, stürzt meist mit einem Schrei sofort bewusstlos zusammen und stirbt innerhalb der nächsten Minuten unter Krämpfen an innerer Erstickung. Vorsicht: wer zu wenig einatmet, der erwacht bald wieder. Spätschäden trägt man allerdings zumeist nicht davon. Also bitte darauf achten, dass man auch die richtige "Ladung" einatmet. Ganz toller Vorteil der Blausäure: bei Vergiftung durch Einatmung kann der Laie (und zumeist der Arzt auch nicht) irgendeine wirksame Hilfe leisten. Auch die durch den Mund erfolgte Einnahme von Zyankali führt zumeist zum Tode. Allerdings tritt bei einer oralen Vergiftung der Tod erst nach ein bis zwei Stunden ein. Die Problematik von Zyankali besteht natürlich darin, wie kommt man an das Zeug? Falls ihr also nicht wisst, woher, und auch keinen kennt, der es wissen könnte, nehmt euch besser eine andere Art zu sterben vor, denn davon gibt es ja noch einige und auch solche, wo ihr euch mit derartigen Fragen nicht herumquälen müsst. Ich habe nämlich keine Ahnung, wie man daran kommt (oder besser gesagt, ich will es nicht verraten).

Strychnin

Ich kenne Strychnin eigentlich nur aus Krimis. Dort wird es meist von Mördern, in der Regel einer Frau, verwendet. Aber womit man jemanden erfolgreich ermorden kann, damit kann man ja auch sich selbst umbringen. Strychnin ist ein Alkaloid (organische, meist basische und stickstoffhaltige Verbindungen, die in Pflanzen, seltener auch in Pilzen und Tieren auftreten. Die meisten sind sehr giftig. Grund genug, sie im Selbstmordsortiment zu erwähnen.) der Brechnuss und der Ignatiusbohne (kennt doch jeder, muss ich jetzt nicht extra noch erläutern) und wirkt erregend auf Nervensystem, Muskeln, Kreislauf und Atmung. Strychnin wurde früher bei Lähmungen und zur Anregung des Kreislaufs gegeben, auch als Gegengift bei Schlafmittelvergiftungen. Bei Vergiftungen mit Strychnin kommt es zur Erstickung durch Starrkrampf der Atemmuskeln. Wenn das kein Spaß ist, weiß ich es nicht. Problematisch wird es allerdings mit zwei Dingen: dies ist zum einen die Verfügbarkeit, denn Strychnin gibt es nicht beim Arzt oder Apotheker für euch, noch nicht einmal auf Rezept. Zum anderen soll es recht übel schmecken, was aber, da es ja das letzte sein wird, was ihr zu euch nehmt, doch relativ egal sein sollte. Zugegebenermaßen ein paar Hindernisse, aber für die Cleveren unter euch sollte das doch kein Problem sein.

Schlangengift

In tropischen Ländern sind alljährlich rund 40.000 Todesfälle durch Schlangengift zu verzeichnen. (Habe ich irgendwann mal gelesen. Ob es stimmt – ehrlich gesagt, keine Ahnung). Tja, wer also eine Schlange (sollte aber doch schon giftig sein – halt Stopp!!! Ich meine jetzt eine echte Schlange und nicht eure alte Schnepfe oder gar die Schwiegermutter!!!) zu hause hat, probiert es halt mal damit. Sie sollte euch übrigens beißen. Gekocht, geschmort oder gegart bringt euch das Vieh mit Sicherheit gar nichts. Nur mal so am Rande erwähnt: Kleopatra (habe die aparte Dame ja schon erwähnt) hat sich mit Hilfe einer Schlange umgebracht (schon das zweite mal, dass ich diese Dame erwähne. Dabei kenne ich sie noch nicht einmal persönlich!).

Arzneimittel

In jedem Haushalt gibt es einen Medikamentenschrank bzw. zumindest eine Schublade mit Medikamenten. Da müsst ihr einfach mal nachschauen, was ihr da so findet. Cremes, Salben und Zäpfchen könnt ihr bei eurer Suche schon mal außen vor lassen. Das bringt nichts. Da verrenkt ihr euch nur den Magen und müsst schlimmstenfalls kotzen. Konzentriert euch auf das Wesentliche, d. h. auf Tabletten. Wenn ihr nicht genau wisst, was ihr da bei euch herumfliegen habt, ob man es für euer Vorhaben benutzen kann oder ob die Menge ausreicht, wie heißt es da doch so schön in der Werbung:

Zu Risiken
und Nebenwirkungen
fragen Sie Ihren Arzt
oder Apotheker!

Ob man Arzneimittel als Gift bezeichnen kann oder soll, so ganz genau weiß ich's nicht. Wenn's euch interessiert, fragt halt, na wen wohl, euren Arzt oder Apotheker. Arzneimittel sind übrigens eine sehr häufig verwendete Methode des Beendens, da sie leicht verfügbar und, wie gesagt, in nahezu jedem Haushalt mehr oder weniger vorhanden sind. Abgesehen davon kann man bei Medikamenten auch wirklich nicht allzu viel falsch machen, es sei denn, es sind nicht die richtigen oder ihr nehmt zu wenig. Bevor ein potentieller Kandidat sich allerdings die Haushaltsapotheke leer räumt, sollte er sich schon vorher vergewissern, was er da zu schlucken gedenkt, denn Masse ist nicht zugleich auch Klasse. Also schaut euch erst einmal an, was ihr alles so Zuhause habt. Wenn ihr der Meinung seid, das es entweder nicht ausreicht oder ihr die "falschen" Arzneimittel besitzt, so müsst ihr euch halt andere oder noch mehr besorgen. Da habt ihr nun zwei Möglichkeiten zur Auswahl: Auf der einen Seite den etwas schwierigeren Weg, nämlich verschreibungspflichtige Medikamente. Das heißt, ihr müsst relativ häu-

fig einen Arzt aufsuchen und euch so einen Vorrat an Arznei-
mitteln aufbauen. Das ist recht lästig und kann unter Umständen
auch recht lange dauern (es sei denn, ihr sei ohnehin gesund-
heitsbedingt Zwangs- bzw. Dauerkonsument irgendwelcher
auch für euren jetzt geplanten Zweck interessanten Medikamente). Auf der anderen Seite gibt es die Möglichkeit der re-
zeptfreien Arzneimittel, das heißt Arzneimittel, die ihr einfach
so – zumeist beim Apotheker, aber z. T. auch in Drogerien oder
sogar in Supermärkten – kaufen könnt und wo ihr vorher keinen
Arzt aufsuchen müsst. Am besten geht ihr einfach rein in die
Apotheke und lasst euch vom Apotheker ein bisschen aufklären,
weil ihr z. B. Schmerzen im Allgemeinen oder schlicht böse
Kopfschmerzen habt oder unter übler Schlaflosigkeit leidet.
Damit ihr aber dem Apotheker nicht auffallt, nehmt bitte nicht
zuviel, am besten nur ein oder zwei Packungen, und klappert
stattdessen mehrere Apotheken ab. Bei den anderen Apotheken
wisst ihr ja dann, was ihr zu kaufen habt.

Tabletten bzw. Tablettenmissbrauch

Ach ja, Tablettenmissbrauch. Richtigerweise eigentlich Medi-
kamentenmissbrauch zu nennen. Auch hier gilt wieder – gähn –
das in den vergangenen zwei Kapiteln geschriebene. Und das
will ich wirklich nicht schon wieder explizit darstellen. Passt
einfach auf, dass ihr dauerhaft die „richtigen" Tabletten bzw.
Medikamente nehmt. Dann wird's schon schief gehen. Früher
oder später.

Beispiel: Aspirin

Ein praktisches Beispiel für Jedermann (bzw. Jedefrau) ist
schlicht und einfach das in nahezu jedem Haushalt vorhandene
Aspirin. Aspirin besteht aus Acetylsalicylsäure (ASS). ASS ist
der Wirkstoff vieler Schmerztabletten. Es soll hier allerdings
nur als ein Beispiel für viele Medikamente stehen, die Ihr
problemlos benutzen könnt. Es ist ein allgemein benutztes und
in nahezu jedem Haushalt vorhandenes Arzneimittel. Super für

euch: in jeder Apotheke rezeptfrei für relativ wenig Geld ohne irgendwelche Umstände zu erwerben. Die geringste tödliche Dosis beträgt angeblich etwa 25 Gramm, das sind etwa 50 Tabletten. Nehmt ruhig ein paar mehr, dann ist die Sache auch wirklich sicher. Macht das am besten in Verbindung mit einem Schlafmittel (also Schlaftabletten). Aber da bitte auch die ganze Packung (oder halte mehrere) schlucken, damit ihr auch so richtig schön einschlummern könnt. Die Aspirine alleine könnten u. U. auch Bauchschmerzen und/oder Übelkeit hervorrufen. Schon alleine aus diesem Grund ist es recht sinnvoll, ein paar Schlaftablettchen zu nehmen.

Zäpfchen

Da es viele Tabletten bzw. deren Substanz(en) auch in Form von Zäpfchen gibt, muss ich natürlich auch diese Möglichkeit zumindest einmal kurz erwähnen. Im sog. „Medizinerdeutsch" bezeichnet der Begriff Zäpfchen eine medikamentöse Darreichungsform, die in den Mastdarm oder die Scheide, hin und wieder aber auch in die Harnröhre (Igitt!!!) eingeführt wird. Wenn ihr also irgendein Problem mit Tabletten haben solltet oder ein Analerotikfan seid, stellen Zäpfchen sicherlich eine überlegenswerte Alternative dar.

Schlafmittel

Ein Schlafmittel ist eine wirklich recht feine Art, sich davonzumachen. Man legt sich gewissermaßen gewollt zur letzten Ruhe hin, schläft ein und wacht - wenn man alles richtig macht – nie wieder auf. Das ist ein wirklich saubere, weil unblutige und absolut schmerzfreie Methode. Wirklich eine tolle Sache. Schlafmittel sind Stoffe, die den Schlafvorgang fördern bzw. einleiten. Diese Stoffe basieren entweder auf synthetisch hergestellten oder auf natürlich vorkommenden pflanzlichen Mitteln. Die Wirksamkeit eines Schlafmittels hängt wesentlich von seiner Zusammensetzung und seiner sog. Resorptionsgeschwindigkeit ab. Unter der Resorption (lat. resorbere = aufsaugen) versteht man die Stoffaufnahme in biologischen Systemen. Das Vergiftungsbild ist durch tiefes Koma und Kollaps gekennzeichnet. Der Tod tritt im tiefen Koma unter Kreislaufversagen ca. 36 bis 48 Stunden nach der Tabletteneinnahme ein. Es handelt sich hier also um eine recht sanfte, schöne und mitunter - sagen wir es ruhig - lässige Art, dem Leben zu entsagen. Ihr müsst allerdings darauf achten, dass ihr nicht überempfindlich auf die Tabletten reagiert, denn sonst kotzt ihr alles wieder aus. Kleiner Tipp am Rande: Am besten vor dem schlafen gehen (denn da seid ihr ohnehin müde oder ihr solltet es zumindest sein) die Tabletten (wie bereits beim Beispiel Aspirin erwähnt: in ausreichender Zahl bitte!) einnehmen und viel (nehmt doch einfach Wasser) dabei trinken. Trotz Verschreibungspflicht kann man ohne Schwierigkeiten eine ausreichende Menge von Tabletten sammeln. Dann werdet ihr das Kind schon schaukeln. Chemische Schlafmittel sind z. B.:

- Antihistaminika: verursachen als Nebenwirkung Müdigkeit. Sie sind nicht verschreibungspflichtig und das Abhängigkeitsrisiko ist geringer als bei anderen chemischen Schlafmitteln.
- Tranquilizer: beliebte Schlafmittel, die sich zum Angstabbau und zum Entspannen eignen. Sie beinhalten ein großes Suchtrisiko und eine übermäßige Dosierung führt daher zu einer gegenteiligen Wirkung.
- Barbiturate: sind gefährliche Schlafmittel, da sie lange im Organismus bleiben und in Verbindung mit Alkohol tödlich sein können. Sie haben außerdem noch unerwünschte Nebenwirkungen wie Müdigkeit am Tag. Barbiturate werden heute kaum noch verwendet.

Pflanzliche Schlafmittel kann man für den von uns gedachten Verwendungszweck schlicht und einfach vergessen. Im Falle eines kriminellen Missbrauchs von Schlafmitteln spricht man übrigens von den sog. KO-Tropfen.

Der „Schlaftrunk"

Wenn es euch Probleme bereiten sollte, Tabletten zu schlucken (warum auch immer, aber solche Menschen gibt es nun einmal), nehmt sie einfach in flüssiger Form zu euch. Das heißt im Klartext, dass ihr die Tabletten zerbröseln müsst und sie anschließend mit viel Flüssigkeit (eigentlich egal, was ihr da zu trinken gedenkt) zu euch nehmen könnt. Nehmt zu dem Tablettensammelsurium auch ein paar (eher mehr als weniger) Schlaftabletten, und schon habt ihr den perfekten Schlaftrunk.

Der Schierlingsbecher

Man muss bei der Qual der Wahl der Methode zwangsläufig nicht immer up to date sein. Hin und wieder lohnt sich schon ein Blick in die Geschichte. Den meisten von euch wahrscheinlich völlig unbekannt, galt der sog. Schierlingsbecher jedoch in der Antike als eines der stilvollsten Methoden, aus dem Leben zu verscheiden. Da das, was damals gut war, auch heute noch gut ist, möchte ich euch diesen kurz vorstellen. Der Schierlingsbecher enthält den Saft des gefleckten Schierlings. Der sog. gefleckte Schierling (lat. Conium maculatum) ist eine Pflanzenart aus der Familie der Doldenblütler und ist neben dem Wasserschierling (lat. Cicuta virosa), der Hundspetersilie und dem kaukasischen Riesen-Bärenklau eines der giftigsten Doldengewächse. Nach dem Genuss eines oder mehrerer Gläschen bewirkt das enthaltene Coniin (Coniin ist das Hauptalkaloid des gefleckten Schierlings) eine von den Füßen her aufsteigende Lähmung des Rückenmarks, welche schließlich zum Tod durch Atemlähmung führen kann. Pikant: der Vergiftete erstickt bei vollem Bewusstsein. Mit einem Trank aus seinen Früchten oder Wurzeln wurden im Altertum Verbrecher hingerichtet. Ein prominentes Opfer war der schon von mir erwähnte griechische Philosoph Sokrates. Es gibt übrigens Heutzutage einen gleichnamigen Absinthhaltigen Cocktail.

Psychopharmaka

Bei Psychopharmaka, das heißt seelisch wirkenden Heilmittel, werden jetzt direkt die etwas stärker Gestörten unter euch angesprochen. Viele „Normale" jedoch kennen dieses Wort bzw. die entsprechenden Arzneimittel nicht bzw. sind Ihnen geradezu fremd. Für die, die es interessieren sollte, folgt jetzt hier eine kleine Definition. Alle anderen können jetzt eigentlich auch diesen Punkt überspringen und beim nächsten Abschnitt weiterlesen. Psychopharmaka sind eine Sammelbezeichnung für chemisch verschiedenartige Arzneimittel, die die Aktivität des Zentralnervensystems beeinflussen und auf psychische Funktionen wie Stimmung, Affektivität und Emotionalität wirken. Nach der Wirkungsweise kann man u. a. folgende Gruppen von Psychopharmaka unterscheiden:

- Neuroleptika: sind beruhigend, dämpfend wirkend, z. T. mit antipsychotischem Effekt und werden bei akuter Psychose und zur Behandlung der Schizophrenie eingesetzt
- Antidepressiva: gibt es mit antriebssteigernder und aufhellender Wirkung oder auch angstlösend und antriebsdämpfend; sie kommen bei verschiedenen Formen von Depressionen zur Anwendung und sind somit also genau dass richtige für sehr viele von euch
- Tranquilizer: siehe „Schlafmittel"
- Lithiumsalze: werden speziell zur Behandlung der manisch-depressiven Erkrankung eingesetzt, um der depressiven Phase vorzubeugen
- Psychotonika: oder auch Psychostimulanzien genannt wirken psychisch anregend und antriebssteigernd

Ihr könnt natürlich auch hier die euch vom Arzt verschriebenen Psychopharmaka sammeln. Mit einer entsprechend großen Anzahl von Tabletten wirken diese genauso tödlich wie Schlafmittel. Sie lassen sich übrigens zumeist leichter als diese einnehmen (da sie oftmals ein kleineres Format und eine durch Zuckerüberguss geglättete Oberfläche haben, was sogar – so mal nebenbei erwähnt - recht gut schmeckt). Aber auch dies ist nur eine Möglichkeit von vielen.

Gas

Hier sind z. B. die Eigentümer eines Gasherdes angesprochen. Bei Selbstmord-Versuchen mit Gas in Wohnungen solltet ihr etwas vorsichtig sein. Es besteht nämlich unter Umständen die Gefahr, dass das Gas in andere Zimmer dringt und somit eventuell auch von anderen Hausbewohnern eingeatmet wird. Außerdem könnte es auch durch eine Funkenübertragung zu einer Explosion kommen. Also seid bitte etwas vorsichtig (damit den Nachbarn nichts passiert, es sollen schließlich bei euren beknackten Aktionen keine Unschuldigen in Mitleidenschaft gezogen werden). Auch hier aber einmal wieder eine kurze Erläuterung von Gas. Der Begriff Gas wurde durch den Brüsseler Chemiker Johan Baptista van Helmont nach dem griechischen Begriff Chaos als Fachterminus geschaffen. Populär wurde dieser jedoch erst mit der Einführung der Gasbeleuchtung im 19. Jahrhundert. Als „Gas" wird eine Substanz im engeren Sinne bezeichnet, wenn sie bei einer Temperatur von 20° C im gasförmigen Aggregatzustand vorliegt. Ganz allgemein bezeichnet man auch den gasförmigen Zustand einer Substanz selbst als Gas, unabhängig von der Temperatur. Gas selbst ist übrigens der Aggregatzustand (= Erscheinungsform der Materie; es gibt drei Aggregatzustände: fest, flüssig oder gasförmig) der Materie, in dem sie, infolge freier Beweglichkeit der Moleküle, keine bestimmte Gestalt hat, sondern jeden Raum, in den sie gebracht wird, völlig ausfüllt. Jeder Körper kann bei genügend hoher Temperatur in ein Gas verwandelt werden. Des Weiteren lässt sich auch jedes Gas bei genügend großem Druck und bei einer Temperatur, die unterhalb der kritischen Temperatur liegt, in eine Flüssigkeit verwandeln. So, dass muss jetzt aber genügen in Sachen Intellektualität.

Leuchtgas

Leuchtgas ist eines der bekanntesten und häufigsten Selbstmordmittel. Sein giftiger Inhaltsstoff ist das Kohlenmonoxyd, ein farb-, geruch- und geschmackloses Gas, das in einer Kon-

zentration von 7% in ihm enthalten ist. Die typische Leuchtgas-
vergiftung ist das Ausströmen lassen von Gas in geschlossenen
Räumen. Dabei kommt es zunächst zu Kopfschmerzen,
Schwindelgefühl, Herzklopfen mit Atemnot, Übelkeit und
Brechreiz sowie eigentümliche psychische Umstimmungen wie
Euphorie, Kritiklosigkeit und die totale Fehldeutung der eigenen Situation (was aber Vielen von euch gar nicht wirklich
auffällt, da diese Ausfallserscheinungen ja ohnehin oftmals
Bestandteil eures jämmerlichen Daseins sind). Danach folgen
Bewusstlosigkeit und Lähmungen. Die Atmung ist klein und
flach, der Puls stark beschleunigt, das Gesicht hochrot, außer-
dem habt ihr Muskelzuckungen und Krämpfe mit Zungenbiss,
Erbrechen mit Einatmung des Erbrochenen. Aufgrund der un-
terschiedlich vorhandenen Kohlenmonoxyd-Konzentration kann
dieses Stadium unterschiedlich lange andauern. Aber irgendwann einmal geht alles vorbei. Aber passt bitte auf, dass die
Dosis hoch genug ist und ihr nicht noch Überlebt. Denn allzu
Lebenswert ist euer Leben nachher nämlich nicht mehr. Zum
Krankheitsbild nach einer Vergiftung mit Leuchtgas gehören
eine Steigerung der Sehnenreflexe, Apathie, Antriebsarmut,
Langsamkeit, starre Mimik, „Salbengesicht" (ist ein glänzendes
Aussehen der Gesichtshaut, welches ein Symptom für Parkinsonismus ist). Falls ihr z. B. Beamte seid und euch jetzt angesprochen fühlt und meint: Hey, da ist doch gar kein Unterschied
zu "vorher"! Dem kann ich nur sagen, auch wenn es vielleicht
schwer fällt zu glauben: Doch, es besteht ein Unterschied zu
"vorher". Außerdem eine Neigung zum Rückwärtslaufen mit
Fallen und Parkinsonismus (eine mit Starre der gesamten
Körpermuskulatur und Zittern verbundene Krankheit, bedingt
durch Schädigung bestimmter Teile des Stammhirns). Wie
soeben erwähnt, für viele von euch sind diese Symptome und
die eventuell folgende Internierung in einer Fachklinik nichts
neues (viele von euch können dann auch ihre alten Kumpels
endlich mal wieder sehen), aber für vorher nicht Betroffenen ist
dieses Los nicht ganz so angenehm und könnte eine etwas
größere Lebensumstellung erfordern. Außerdem hättet ihr da
einige Leute um euch, die einem erneuten Versuch eurem Los
ein Ende zu bereiten erheblich im Wege stehen und dieses
vielleicht sogar ganz unmöglich machen könnten.

.

Tetrachlorkohlenstoff

„Tetrachlorkohlenstoff? Was ist denn das? Nie gehört!" werden jetzt viele von euch sich Fragen. Der Name Tetrachlorkohlenstoff wird den meisten von euch sicherlich nichts sagen. Er ist dem Chloroform nahe verwandt und wirkt, als Gas eingeatmet, ebenfalls narkotisch. Er ist in vielen Haushalten vorhanden und wird häufig zur Entfernung von Flecken benutzt. Außerdem ist es in manchen Feuerlöschgeräten enthalten und in Industriebetrieben verwendet man ihn häufig zum Entfernen von Metallteilen. Tetrachlorkohlenstoff ist ein schweres Lebergift (und schadet sogar bei vielen von euch sogar der Säuferleber noch). Die zumeist langwierige Prozedur der Vergiftung verläuft sehr verzögert und endet zumeist erst nach Tagen oder sogar Wochen tödlich. Für die Masochisten unter euch (und die, die es noch werden wollen) ist dies eine freudige Nachricht, aber für den einfachen Selbstmörder – sozusagen den Ottonormalselbstmörder – ist diese Qual natürlich nicht gerade sehr schön und erst recht nicht wünschenswert. Man kann Tetrachlorkohlenstoff auch trinken. Dann kommt es sehr bald zu heftigen Magenschmerzen mit Erbrechen. Nach ein paar Tagen treten Haemolyse (Austritt des roten Blutfarbstoffes Hämoglobin durch Auflösung der roten Blutkörperchen), Gelbsucht und eine schwere Nierenschädigung auf. Man gönnt sich ja sonst nichts! Etwa drei Wochen nach eurem Spezialcocktail gebt ihr dann letztendlich doch den Löffel ab. Die Diagnose lautet Leberkoma (Bewusstlosigkeit durch Leberversagen). Ungefähr 10 cm^3 (rechnet selbst herum, wie ihr darauf kommt) Tetrachlorkohlenstoff genügen, um tödlich zu wirken.

Bittermandeln

Der Verzehr bzw. der Genuss von Bittermandeln stellt auch eine Möglichkeit dar, sich das Leben zu nehmen. In den Bittermandeln kommt Blausäure vor. Schon der Genuss von 60 Bittermandeln kann tödlich sein. Auch das aus Bittermandeln gewonnene echte Bittermandelöl enthält Blausäure. Bittermandeln sind eine „Frucht" des Mandelbaums, der zur Familie der Rosengewächse gehört. Es ist ein in Vorder- und Zentralasien heimischer, bis 6 m hoher Baum mit länglich-elliptischen Blättern und weißen oder hellrosa Blüten. Wer suchet, der findet.

Autoabgase

Voraussetzung für einen gelungenen Selbstmord ist hier natürlich der Umstand, dass ihr stolzer Eigentümer eines Autos seid. Wenn dies nicht der Fall ist, könnt ihr euch vielleicht eines von Freunden oder Bekannten leihen oder ihr leiht euch eines bei einem Autoverleih. Denkt aber bitte daran, dass ihr nur für einen Tag bezahlen müsst (denn länger braucht ihr das Auto ja nicht). Auch wenn es euer letzter Tag ist, muss das Geld ja nicht sinnlos aus dem Fenster geworfen werden (die lachenden Erben werden es euch danken). Oder sagt halt, Ihr bezahlt, wenn Ihr den Wagen zurückgebt. Oder klaut halt einen Wagen. In den Knast kommt Ihr ja sowieso nicht mehr. Es sei denn, Ihr seid so dämlich und lasst euch erwischen. Selbst einen Führerschein (falls ihr jemals einen besessen habt) benötigt ihr für eure Aktion ja nicht. Mit einem Motorrad bzw. Moped geht diese Aktion eigentlich relativ schlecht (es sei denn, ihr steckt euch den Schlauch in den Mund und nehmt tiefe Lungenzüge. Ahhh, tut das gut!). Für die Proleten unter euch ist dies leider nichts. Beim Selbstmord durch Autoabgase wird ein Schlauch vom Auspuffrohr in das Wageninnere geführt. Der Motor läuft dann im Standgas weiter, bis das Benzin verbraucht ist. Also bitte aufpassen, dass ausreichend Benzin im Tank ist. Je nach Art des verwendeten Treibstoffes enthalten Autoabgase 4% bis 7% Kohlenmonoxyd. Bei der Kohlenmonoxyd-Vergiftung kommt es zu einer inneren Erstickung, weil die Gewebe nicht mehr genügend mit Sauerstoff versorgt werden. Passt bitte darauf auf, wo ihr die Aktion durchführt, damit ihr dabei bitteschön nicht gestört werdet. Eine (geschlossene) Garage ist da nur auf den ersten Blick sicher, da die netten Nachbarn unter Umständen das Motorengeräusch hören könnten, eventuell sogar ihre Schlüsse daraus ziehen und "Hilfe" holen könnten. Das eine Großgarage oder vielleicht ein Parkhaus hier definitiv als Orte wegfallen, sollte eigentlich nicht mehr erwähnt werden. Aber ich mach's halt doch. Hier ein kleiner Tipp, wie man ein derartiges Missgeschick vermeiden kann. Stellt den Wagen einfach an einem einsamen, versteckten Waldweg ab. Da ist die Wahrscheinlichkeit relativ gering, dass ihr gestört werdet.

Das Auto

Ihr könnt natürlich auch mit dem Auto – des deutschen liebstes Kind – gegen einen Baum oder ein anderes Hindernis fahren. Solltet ihr diese Aktion übrigens überleben, müsst ihr für die Kosten des von euch beschädigten Baums aufkommen. Nur mal so erwähnt. Aber um sich mit Hilfe eines Autos umzubringen, muss man nicht zwangsläufig auch darin sitzen. Es besteht auch die Möglichkeit, sich vor das (bitte fahrende!!!) Auto zu stürzen. Um schnell zu dem gewünschten Ergebnis zu kommen, muss das herannahende Auto natürlich schnell genug fahren. Sucht euch also bitte eine Schnellstraße oder, wenn möglich (und das sollte eigentlich möglich sein, denn es ist ja schließlich das letzte, das ihr macht, und das sollte ja dann bitteschön auch richtig gemacht werden) eine Autobahn aus. Wenn ihr Glück habt, seid ihr, bevor ihr den Boden wieder berührt, schon Tod. Da ihr mit diesem letzten Auftritt aber wieder einmal zwangsläufig unschuldige Dritte mit in euer Unglück (oder auch Glück, je nach Sichtweise) stürzt, rate ich von dieser Methode ab.

Keine unschuldigen Dritten gefährden!

An dieser Stelle soll ein Appell an die Vernunft der Selbstmordkandidaten erfolgen, ihren Versuch bitte alleine, dass heißt ohne andere in irgendeiner Art und Weise zu gefährden. Dabei werden vor allem solche Kandidaten angesprochen, die z. B. als Geisterfahrer ihr Leben beenden wollen. Dabei sollte aber bitteschön beachtet werden, dass der oder die andere(n) an eurem scheiß Leben keine Schuld hat (haben) und ihr also kein Recht habt, Ihn oder Sie für eure Fehler zu bestrafen. Das gleiche gilt natürlich in viel größerem Maße für Hobbybombenbauer unter euch. Aber das ist nur meine Meinung.

Erschießen

Erschießen gilt z. B. in den USA als die klassische Selbstmordform (ca. 50% aller Fälle), was allerdings auch damit zusammenhängt, dass allen Bürgern Schusswaffen leicht zugänglich sind. Beim Selbstmord durch erschießen gibt es natürlich auch – entgegen weltläufiger Meinung – auch vielfältige Möglichkeiten. Der Selbstmord durch erschießen wird zumeist durch Kopf- oder Herzschuss durchgeführt. Sehr wichtig sind bei dieser Methode die Größe des zu verwendenden Kalibers, die Art des Projektils und der richtige, anatomisch genaue Schuss. Der Schuss erfolgt durch Ansetzen oder aus sehr naher Entfernung (d. h. konkret: i. d. R. so weit die Arme reichen. Bernd das Brot z. B. hätte also schon ein kleines Problem).
Selbstmörder töten sich zumeist durch einen Kopfschuss, genauer durch einen Schläfen- oder einen Mundschuss.

Der Kopfschuss

Der einfache Schläfendurchschuss ist nicht immer gleich tödlich. Besonders dann nicht, wenn der Schuss nur das Stirnhirn verletzt und die Kugel glatt die gegenüberliegende Schläfe durchschlägt und nach außen gelangt. Folgeschäden können dabei die Folge sein. Eine Erblindung kann unter Umständen die Folge des Stirnhirndurchschusses sein. Aber waren die meisten von euch nicht ohnehin schon das halbe Leben über Blind?

Der Mundschuss

Wenn der Lauf der Pistole auf die Gaumenhinterwand gerichtet ist, ist der Schuss in den Mund fast immer tödlich. Wollt ihr eine richtig große Sauerei veranstalten, so müsst ihr den Mund vorher mit Wasser oder einer anderen Flüssigkeit füllen, denn dann kommt es beim Schuss durch den hohen Innendruck zu schwersten Zerreißungen und Verstümmelungen, wenn ihr Glück habt, sogar zum Auseinanderplatzen des Kopfes. Klasse, nicht wahr?

In die Augenhöhle

Auch ein Schuss in die Augenhöhle ist tödlich. Allerdings nur dann, wenn er das Stammhirn - falls vorhanden - trifft. Ihr seht also dem Tod gewissermaßen direkt ins Auge. „Auge? Aber welches Auge denn? Schließlich habe ich ja zwei davon?" könnten sich jetzt die Grübler und ewig Unentschlossenen unter euch Fragen. Zu Recht natürlich. Dabei ist die Lösung so einfach: nehmt entweder euer Lieblingsauge oder werft doch einfach eine Münze.

Kurzes Zwischenfazit

Der Kopfschuss ist bei nicht sachgerechter Anwendung nicht unbedingt tödlich, wenn z. B. die lebenswichtigen Zentren des Gehirns unverletzt bleiben oder wenn das Geschoss den Kopf glatt durchschlägt, ohne größere Zerreißungen oder Blutungen zu verursachen. Es kann zwar später eine Infektion eintreten, die dann endlich auch zum Tode führt, aber bis dahin können Tage bis Wochen vergehen. Ist das nicht der Fall, so können bei nicht tödlich abgelaufenen Kopfschüssen außer Erblindung (nicht so schön, man kann sogar den Durchblick verlieren) häufig schwere neurologische Konsequenzen nach sich ziehen.

Weitere Möglichkeiten durch erschießen

Es gibt nicht nur die verschiedenen aufgelisteten Möglichkeiten des Kopfschusses, sich zu erschießen, sondern – oh Wunder – auch weitere Möglichkeiten durch erschießen. Beispielsweise im nächsten Abschnitt.

Genickschuss

Der Genickschuss ist eigentlich eine der klassischen Methoden, um jemanden hinzurichten. Sie wird auch oftmals als Gnadenschuss bezeichnet (so wie man z. B. in einem Western einem Pferd, dass sich ein Bein gebrochen hat, den Gnadenschuss gibt). Dennoch besteht durchaus die Möglichkeit, sich so umzubringen. Wenn ihr also die Möglichkeit des Genickschusses in Betracht ziehen solltet, müsst ihr vorher schon ein bisschen üben, wo ihr explizit den Mund der Waffe anlegen könnt. Auch sollte die Waffe nicht allzu groß sein, denn ihr müsst sie ja irgendwie selbst abdrücken können. Schaden kann es bei dieser Methode übrigens nicht, wenn ihr entsprechen gelenkig seid. Oder euch die Natur (oder halt der liebe Gott, je nach Betrachtungsweise) mit außergewöhnlich langen Armen ausgestattet hat.

Herzschuss

Beim Herzschuss müsst Ihr ein bisschen zählen, denn dieser erfolgt durch den vierten oder fünften Zwischenrippenraum in der Brustwarzenlinie. Hier müsst Ihr wieder wirklich gut zielen können, weil auch der Herzschuss nicht immer tödlich ablaufen muss. Dies ist beispielsweise der Fall, wenn das Geschoß nach dem Abschuss direkt auf den Knochen aufprallt und somit den Zwischenrippenraum in einer abgelenkten Richtung passiert.

Und noch ein paar Schussmöglichkeiten bzw. Körperziele

Des Weiteren gibt es auch noch die Möglichkeit von Schüssen oder, bes. ges., des Schusses in den Nacken und/oder Hinterhaupt, welche aber hier, weil weder lässig noch schick aussehend und außerdem noch recht kompliziert in der Anwendung, nicht näher erläutert werden soll. Aber erwähnen wollt ich es doch halt mal. Ach ja. Natürlich könnt Ihr euch noch in die Hand, in den Fuß oder, das ist davon sicherlich die wirksamste Methode, ins Bein schießen und dann langsam, aber sicher (und nicht wirklich schmerzfrei) verbluten. Was, so ganz nebenbei erwähnt, doch wohl eine hervorragende Überleitung zu meinem nächsten Abschnitt ist.

Wahl der Schusswaffe

Nun, ich gehe jetzt einmal davon aus – oder besser gesagt, ich unterstelle es einmal - dass die wenigsten von euch Schusswaffenexperten sind. Leider bin ich es auch nicht. Da ich nicht gedient habe, ja noch nicht einmal im Leben eine Waffe in der Hand gehalten habe, ah, stopp, irgendwann einmal auf einer Kirmes, aber das zählt ja wohl nicht, sind die Voraussetzungen für eine adäquate und fachgerechte Beratung nur sehr rudimentär gegeben. Was mich aber, ihr kennt mich ja schon inzwischen, nicht davon abhält, weise Ratschläge zu erteilen. Gut. Allzu lang sollte die Schusswaffe nicht sein, denn ihr müsst mit der Hand an den Abzug kommen. Ein Gewehr ist da unpraktisch. Es sei denn, ihr bastelt euch da irgendetwas, mit dem ihr dann den Abzug betätigen könnt. Aber das ist nun einmal nichts für jeden. Daher sollte auf die gute, alte Pistole zurückgegriffen werden. Einfach in der Handhabung und somit eigentlich 100%ig sicher. Problematisch ist hier nur die Verfügbarkeit. Die wenigsten von euch werden wohl so ein Ding in der Schublade haben. Woher also nehmen, wenn nicht stehlen? Da gilt es zunächst einmal, dass Umfeld abzuklappern. Also Freunde, Bekannte, Verwandte u.s.w. fragen. Und möglichst unauffällig, bitteschön. Ansonsten geht's noch legal, wo ihr aber zunächst noch einen Waffenschein beantragen müsst. Lästig, aber unausweichlich. Na ja, scheinbar. Man kann es ja auch illegal versuchen. Irgendeinen Waffenhändler bzw. Waffe wird sich da schon auftreiben lassen. Wenn ihr keinen Waffenhändler kennt oder ihr keinen Freund, Bekannten, Verwandten habt, der einen kennt, schaut doch einfach mal im Internet nach. Da findet doch jeder Pott seinen Deckel.

Wahl des Messers, Degens, Schwertes

Das hört sich jetzt schon mehr nach einem Duell an. Und das ist es ja auch. Das Duell gegen sich selbst. Da hat man dann auch die Wahl der Waffen. Und es ist keiner da, der Widerspruch einlegen kann. Eine große Auswahl steht da einem schon zur Verfügung. Oder auch nicht. Denn es hängt hier alles von der Verfügbarkeit ab. Was hilft es einem, wenn man die Waffe xy noch so schön findet, ja sich geradezu darin verliebt hat, wenn man absolut keine Möglichkeit hat, an ein solches Prachtstück heranzukommen. Und stattdessen zum schlichten Küchenmesser zurückgreifen muss. Also „schaun mer" Mal, wie wir dass etwas näher beleuchten können.

Bei der Wahl des Messers, Schwertes oder Degens ist es mit der Verfügbarkeit schon erheblich einfacher. Man geht einfach in die Küche, öffnet eine Schublade und holt sich ein Messer heraus. Das sollte sich in jedem Haushalt zu finden lassen. Nur scharf sollte es sein, dass macht es doch etwas einfacher. Will man dagegen auf Schwert, Degen oder Florett (oder was weiß ich, wie diese Dinger alles heißen) zurückgreifen, ist es mit der Verfügbarkeit schon etwas schwerer. In einem Ottonormalhaushalt findet man sie weniger. Auch nicht in der Schublade. Aber schließlich kann man ja einem derartigen Hobby nachgehen oder kennt jemanden, der es hat. Da braucht man ja nur zu fragen und bekommt es ausgeliehen. Ansonsten gibt es ja mittelalterliche Spiele und Flohmärkte, wo diese Dinger vertrieben werden. Oder im Internet. Bei ebay. Oder bei Obi. Einfach ausprobieren, dann werdet ihr schon fündig.

Pulsadern aufschneiden

Sich die Pulsadern aufschneiden ist natürlich eine recht blutige Sache, die ihr nur durchführen könnt, wenn ihr beim Anblick des ersten Blutstropfens nicht gleich in Ohnmacht fallt. Das öffnen der Pulsarterie ist mit einem scharfen Gegenstand, z. B. einer Rasierklinge oder einem Messer, vorzunehmen. Es sollte also nicht stumpf sein. Ob es allerdings bereits rostig ist, braucht für euch keine Rolle mehr zu spielen. Bitte achtet darauf, dass ihr nicht den Fehler macht, den die meisten machen, nämlich sich die Adern in die falschen Richtung aufschneiden. Richtig gemacht geschieht dies nämlich längs, und nicht quer. Beim quer durchschneiden des Unterarmes verletzt ihr nur Sehnen und Venen, trefft aber nicht die Pulsarterie. Die Arterie liegt relativ tief im Unterarm. Ihre Eröffnung ist daran zu erkennen, dass das Blut rhythmisch in der Schlagfolge des Herzens aus dem Gefäß spritzt, während bei venösen Blutungen das Blut gleichmäßig aus der eröffneten Vene sickert. Das heißt, das Versuche häufig daran scheitern, weil Dummköpfe zu Beginn der Blutung im Glauben sind, die Pulsarterie gefunden zu haben, nun zu schneiden aufhören. Das solltet ihr nicht machen. Es handelt sich dann aber zumeist nur um oberflächlich venöse Blutungen, die bald von selbst wieder stehen. Kleidung, Couch und Teppich könnt ihr jetzt zwar wegwerfen bzw. rausschmeißen, aber ihr selbst seid nachher genau so weit wie vorher. Wenn ihr wirklich vernünftige und gute Arbeit leisten wollt, müssen die Schnitte also schon tief genug sein. Wenn ihr dem Einschnittsschmerz entgegenwirken wollt, so könnt ihr eine Art lokale Betäubung vornehmen, indem ihr z. B. auf die spätere Einschnittsstelle etwa zehn Minuten lang Eis legt.

Oberschenkelschlagader

Für die Oberschenkelschlagader gilt im Großen und Ganzen das, was soeben für das aufschneiden der Pulsadern beschrieben wurde. Dennoch würde ich von der Oberschenkelschlagader abraten (ein Gefühl so aus dem Bauch heraus. Ich kann es nicht wirklich genau begründen). Könnte durchaus daran liegen, dass ich im Moment – suche sie gerade - erhebliche Probleme habe, sie überhaupt zu finden. Aber vielleicht seid ihr da ja erfolgreicher.

Herzstich

Für den Herzstich gilt das, was ich bereits über den Herzschuss geschrieben habe. Dabei ist allerdings das abgleiten der Klinge noch erheblich leichter möglich als bei der Kugel. Einen weiteren Unsicherheitsfaktor stellt der hier hinzukommende Schmerzreflex dar (da kann nichts vorher mit Eis kühlen). Und sicherlich kann die Überwindung eine nicht zu unterschätzende Rolle spielen. Es ist da durchaus einfacher, einen Abzug zu drücken.

Harakiri

Eine eindeutig positive Wertung der Selbsttötung zeigt sich am eindrucksvollsten beim Harakiri der Japaner. Diese Tötungsart, deren geschichtlicher Ursprung nicht exakt festzustellen ist, bleibt eigentlich nur einer bestimmten Ritter- und Adelsklasse, den Samurai vorbehalten und musste nach einem genauen Zeremoniell durchgeführt werden (was zwar durchaus ein Grund, aber definitiv kein Hindernis für euren geplanten Selbstmord darstellt). Die Sitte des Seppuko war eine besondere Form der Ehrenlösung einer ambitionell schwer ertragbaren Situation in Japan. Harakiri ist eine in streng festgelegter Form ausgeführte Art des Bauchaufschlitzens, um der Kriegsgefangenschaft zu entgehen (noch im zweiten Weltkrieg wurde diese Methode häufig angewandt, machten doch die Amerikaner während des Pazifikkrieges kaum Gefangene. Die Japaner zogen es vor, in den Tod zu gehen), als Ausweg aus einer Ehrensache u. a. Dieser vor allem unter den Samurais geläufige Brauch trat schon im 9. Jahrhundert auf und besteht z. T. bis in unsere Tage hinein. Das von einem japanischen Samurai vollzogene Harakiri wurde feierlich, in Anwesenheit von Familie und Freunden, durchgeführt. Bis 1868 konnte das Harakiri eine dem Ritterstand vorbehaltene Strafe von der Regierung befohlen werden. Nachdem sich der Verurteilte mit einem Schnitt von links nach rechts den Bauch geöffnet hatte, schlug ihm gewöhnlich ein Freund den Kopf ab (und hier stellt sich wieder ein kleines Problem: woher einen solchen Freund nehmen? Vor allem, wo doch nach dem Freundschaftsdienst leichte Unannehmlichkeiten auf Ihn warten). Vom 15. Jahrhundert bis 1873 funktionierte er zudem als eine privilegierte persönliche Vollstreckung eines gefällten Todesurteils. Der Tod von der Hand eines Henkers wäre eine Schande gewesen. Das Harakiri sicherte eine ehrenvolle Bestattung. Des Weiteren fanden während des zweiten Weltkriegs viele Selbstmörder als Torpedofahrer und Kamikazeflieger den Tod an der Front bzw. auf dem Schlachtfeld.

Aufhängen bzw. Erhängen

Man kennt es aus nahezu jedem Western, wo irgendein Schurke, der ein ach so grausames und Menschenverachtendes Verbrechen wie z. B. einen Pferdediebstahl begangen hat: das Hängen bzw. Aufhängen. Nur das es dort die Protagonisten nicht freiwillig machen. Im Gegensatz zu euch. Beim Erhängen, Aufhängen oder schlicht und einfach nur Hängen, je wie es euch beliebt, handelt es sich um eine bei Alt und Jung recht beliebte Methode. Ihr sterbt beim Erhängen übrigens nicht durch Ersticken, es sei denn, ihr macht etwas falsch (und das wollen wir ja wohl vermeiden). Der Tod durch Erhängen tritt durch Bruch und Ausrenkung der Halswirbelsäule ein. Es kommt dadurch zu einer plötzlichen Unterbrechung der lebenswichtigen Regulationen. Was ihr also machen müsst ist auch für die Mitmenschen, die der liebe Gott mit etwas geringeren geistigen Gaben ausgestattet hat, nahezu ein Kinderspiel. Einfach ein Seil um den Hals und schon kann es losgehen. Das herab springen von einem genügend hohen und festen Knüpfpunkt (beispielsweise ein hoher Ast) mit anschließendem freien Pendeln des Körpers müsste (jetzt bitte aufpassen, es kommen zwei tolle Vorteile) **rasch** und **schmerzlos** zum Tode führen. Passt aber bitte auf, dass ihr euch die Schlinge (wenn möglich) fachgerecht um euren Hals legt und das der Knüpfpunkt auch entsprechend hoch genug ist. Das könntet ihr allerdings schon mal vorher üben (bes. ges. ihr solltet es definitiv vorher üben. Oder wollt ihr Minuten, ja Sekunden vor eurer Tat mit Knotenmachen verbringen?). Eine erste Hilfe wäre nur durch ein sofortiges Befreien des „Armen" aus seiner Zwangslage möglich. Also solltet ihr irgendwo ungestört sein. Nehmt also einen ruhigen, vor ungebetenen Gästen oder Zuschauern sicheren Ort. Übrigens seht ihr auch aufgehängt noch genau so "gut" aus wie vorher. Dass ein Erhängter ein blaues Gesicht hat und ihm die Zunge aus dem Mund heraushängt hat man zwar in zahllosen (zumeist sehr, sehr anspruchsvollen) Filmen gesehen. In der Realität ist dies zumeist allerdings nicht der Fall. Das Gesicht ist in der Regel von unauffälliger Farbe bzw. blass (es sei denn, ihr seid Schwarzafrikaner, ein dunkelhäutiger Inder oder sonst etwas in der Richtung). Das Erhängen ist übrigens nicht mit sexuellen

Lustempfindungen verbunden. Ihr habt sogar noch Pech, wenn euer letztes Stündlein geschlagen hat, denn eine Erektion oder sogar Ejakulation sind Reflexreaktionen, die von euch leider nicht mehr bewusst erlebt werden. Ob Ständer und abspritzen auch für Impotente Gültigkeit haben, weiß ich allerdings leider nicht.

Idealhöhe für das Erhängen per Genickbruch

Als besonderen Service habe ich keine Kosten und Mühen gescheut, und darüber hinaus mein mathematisch geschultes Gehirn in Anspruch genommen, um euch bei der theoretischen Planung zur Hilfe zu stehen. Jetzt kann ich allerdings nur hoffen, dass ihr auf der einen Seite kein Fliegengewicht, und auf der anderen Seite aber auch kein fettes Schwein seid. Dann müsst ihr nämlich selbst herumrechnen.

Körpergrösse	Fallhöhe
89 kg	2,44m
86 kg	2,49m
83 kg	2,54m
80 kg	2,59m
76 kg	2,64m
73 kg	2,69m
70 kg	2,70m
67 kg	2,75m
64 kg	2,80m
60 kg	2,85m
57 kg	2,90m
54 kg	2,95m
51 kg	3,00m

Erdrosseln

Da kommt einem als Krimi bzw. Thriller Fan natürlich so mancher Film ins Gedächtnis, wo irgendeine Gestalt so umgebracht wurde. Nur, es ist falsch, wenn man Erdrosseln immer nur in Zusammenhang mit Mord sieht. Es ist keineswegs immer eine zweite Person dazu notwendig. Man versteht unter erdrosseln das Abschneiden der Blutzufuhr zum Gehirn durch Kompression der Halsschlagadern. Sehr gut bei dieser Methode ist, dass eine totale Kompression der Halsschlagadern in wenigen Minuten den Tod auslöst. Es handelt sich um Erdrosseln, wenn ihr euch mit einem Draht, Schnürsenkel oder ähnlichen Gegenständen umbringt. In der Theorie hört sich das alles relativ einfach an, aber bei der Selbstdurchführung könnten da schon einige Probleme auftauchen. Jemand anderen auf diese Art und Weise umzubringen ist da doch erheblich einfacher. Aber das steht ja hier nicht zur Diskussion.

Ertränken bzw. Ertrinken

Auch Ertränken wird fälschlicherweise immer mit Mord in Verbindung gebracht. Dies ist ebenfalls keineswegs immer der Fall. Der Tod durch Ertränken erfolgt durch ersticken. Der Todeskampf soll relativ kurz sein, da die unter dem Wasser reflektorisch nach Atemluft schöpfenden sich schon bald den Bronchial-Baum mit Wasser ausgegossen haben, so dass die Sauerstoffübertragung unterbleibt. Bei totalem Abschneiden der Atemluft tritt der Tod innerhalb weniger Minuten ein. Aber aufpassen: Ertrunkene, bei denen noch keine sicheren Todeszeichen festzustellen sind, werden unter Schütteln auf den Kopf gestellt. Auf diese Weise soll der Abfluss des Wassers aus dem Bronchial-Baum bewirkt werden. Es folgt eine mechanische Reinigung der Atemwege, also ausputzen von Nase und Mund. Dann beginnt die künstliche Beatmung. Aber glaubt man ja nicht, dass, wenn ihr diese Prozedur überleben solltet, da nun Paris Hilton vor euch steht. Bei dem Glück, das ihr bisher hattet, ist es höchstens der fette, schmierige Nachbar oder gar eure Schwiegermutter, die euch wieder in euer armseliges Leben eingehaucht hat. Aber es gibt da ja noch die jahreszeitlich Bedingte Situation, in der das Wasser recht kalt ist und vielleicht sogar eine Eisschicht hat. Das erhöht natürlich die Todeschancen um ein vielfaches.

Selbstmord durch elektrischen Strom

Strom kommt bekanntlich aus der Steckdose. Quält euch aber bitte nicht mit 110 oder 240 Volt Netzstrom ab, das ist einfach nicht genug. So manche Leute sind zwar schon von der Leitung im Haushalt getötet worden, aber erst nach mehreren Minuten. Des Weiteren könnt ihr ja schließlich überall dahin gehen, wo es Hochspannungsleitungen und eine gute Erdung gibt. Berührt einfach die Starkstromleitung, von Hand oder mit Hilfe einer Verlängerung. Ihr könnt natürlich auch auf eine Starkstromleitung springen. Der Stromfluss muss auf jeden Fall reichen, denn sonst gibt es nur üble Verbrennungen. Wobei die noch das geringste übel sind, wenn ihr überlebt. Amputationen von Gliedmaßen oder Lähmungen sind auch an der Tagesordnung.

Injektion von Luft

Die Injektion von Luft ein eine Vene führt sehr schnell zu einer Luftembolie und damit zu einem (jetzt aufgepasst, sehr großer Vorteil und auch Reiz dieser Aktion) mit großer Wahrscheinlichkeit **schmerzlosen Tode**. Einzige Problematik: Es wird einem Laien (die ihr ja wohl zumeist seid) nur sehr schwer gelingen, sie ohne fremde Hilfe intravenös zu spritzen. Die Vene muss fachgerecht gestaut werden und das Auffinden und Anstechen einer solchen erfordert doch einige Übung, wenn man denn nicht zufällig ein Profi ist. Hier jemanden um Hilfe zu bitten ist allerdings schon ziemlich problematisch. Ohne Zweifel wäre der um Hilfe gebetene auch glücklich, wenn er/sie euch nun nie mehr sehen müsste, doch dieser in der Tat sehr große Reiz wird doch damit ein wenig belastet, dass es sich, je nach dem wie die Hilfe aussieht, dann um Mord oder um Beihilfe zum Mord handelt. D. h., dass ihr es schon alleine hinbiegen müsst. Übt doch einfach ein bisschen vorher.

Selbstmord für politisch Motivierte

Hier nun ein paar Tipps für die politisch motivierten unter euch. Nun ja, eigentlich für die Pseudopolitiker, die es in der Politik zu nichts gebracht haben und jetzt doch wenigstens einmal in den Schlagzeilen stehen möchten. Gut, ein paar Idealisten könnten natürlich auch unter euch sein.

Der sog. Selbstmordattentäter

Ein Selbstmordattentat ist ein Anschlag eines, ja nennen wir ihn oder sie „Fanatikers", auf eine oder mehrere Personen oder Objekte, wobei der Verlust des eigenen Lebens auch zum Ziel der Aktion wird. Heutzutage ist es in einigen Ländern geradezu „in", ein Selbstmordattentäter zu sein. Ob nun per Flugzeug ins World Trade Center oder mit der Bombe im leichten Handgepäck ins Cafè, für einige Leute aus dem Orient eine hippe (Neudeutsch für: toll, klasse) Sache. Er/Sie selbst haben den Status eines Märtyrers und Ihre Familie ist im Lande Hoch geehrt. Kann man sich zwar nichts mehr für kaufen (denn schließlich bekommt man ja nichts mehr von der ganzen Lobhudelei mit), aber irgendwie ist das alles voll fett und alle freuen sich. Vor allem, wenn der Anschlag gelingt. Die andere Seite – sprich die, auf die die Attentate verübt werden, finden das allerdings gar nicht so lustig. Schon verständlich. Schließlich werden sie ja auch nie zu den anschließenden Feiern eingeladen.

Bombe an den Körper kleben

Bei dieser Art des Selbstmords, die zumeist eine Modeerscheinung bei religiös motivierten Tätern des Nahen Ostens, besonders unter Palästinensern, Irakern und Libanesen, ist fast ausschließlich ein politisch motivierter und kein persönlicher Hintergrund für diese Art und Weise des Freitods vorhanden. Da ein Hauptziel darin besteht, auch eine ganze Menge andere vollkommen Unschuldige mit dieser Tat in den Tod zu treiben, verzichte ich auf eine eingehendere Betrachtung. Abgesehen davon müssten wir dann über den Bau von Bomben zu sprechen kommen, was aber nun ganz und gar nicht mein Ding ist. Zum einen möchte ich niemanden in Versuchung bringen, zum anderen sollte nun wahrlich nicht jede Modeerscheinung kopiert werden.

Sich selbst verbrennen

In unserem Kulturbereich ist die Selbstverbrennung angesichts recht unerträglicher und u. U. auch langwieriger Leiden (wenn ihr denn überlebt) verständlicherweise recht selten. Die Selbstverbrennung ist eine meist politisch motivierte Selbstmordart, um damit Aufmerksamkeit zu erregen bzw. gegen bestimmte Vorgänge im Lande zu protestieren. Beispiele (Achtung: jetzt wird es historisch bzw. intellektuell) dafür sind die zahlreichen Selbstverbrennungen bhuddistischer Mönche im ehemaligen Südvietnam (Stichwort Barbecue für die Älteren unter euch) zur Zeit des Vietnamkrieges oder die Selbstverbrennung des Studenten Jan Palach nach dem Einmarsch der Staaten des Warschauer Paktes in die Tschechoslowakei zur gewaltsamen Beendigung des Prager Frühlings 1968. In der Bundesrepublik Deutschland (aber auch nicht in der ehemaligen DDR) gehört die Selbstverbrennung nicht in das Repertoire des politischen Protestes. Wenn ihr also der Meinung seid, gegen irgendetwas dringend protestieren zu müssen, dann ist die Selbstverbrennung in unserem Lande in der Tat ein Novum und Ihr werdet damit garantiert schlagartig berühmt. Alles, was ihr dazu benötigt, ist eine ausreichende Menge Benzin, dass ihr euch dann überschüttet, und halt eben Feuer. Natürlich müsst ihr euch auch einen Platz aussuchen, der möglichst belebt oder beliebt ist (aber bitte – ich wiederhole mich hier zum x-ten Mal – ohne andere in irgendeiner Art und Weise zu gefährden), und schon seid ihr ein leuchtendes Fanal des Protestes. Nur schnell muss die Aktion gehen, bevor "helfende" Mitbürger euch löschen oder gar daran hindern (und „gelöscht" seht ihr nicht wirklich gut aus, wie zahlreiche Verbrennungsopfer bildhaft belegen). Wie Ihr seht, ist die Wahl des Ortes sehr wichtig, denn wenn Ihr z. B. diese Aktion im Keller oder auf Robinson Crusoes Insel durchführt, wird die von euch beabsichtigte Wirkung "etwas" verfehlt. Die Antwort auf die Frage allerdings, ob für den Ottonormalselbstmörder diese Methode zu empfehlen ist, bleibt aufgrund mangelhafter Erfahrungen im In- und Ausland leider unbeantwortet. Da kann ich euch beim besten Willen also Ausnahmsweise mal keinen meiner wirklich immer nur gut gemeinten Ratschläge geben.

Verhungern

Verhungern zählt zu den Methoden, die nicht gerade "in" sind, obwohl es sich hier um eine preisgünstige Alternative und auch sichere Methode handelt. Ein radikaler Hungerstreik kann auch eine Form des politischen Protestes sein. Speziell bekannt in Indien ist da natürlich Mahatma Ghandi (für Hungerstreik, nicht für Selbstmord), wo das Ausdauern bei der Wahrheit bis zum Hungertod ein Mittel des politischen Widerstandes ist. Aber auch in Europa gibt es ein ähnliches Phänomen. Der herbeigeführte Hungertod tritt als Ausdruck des politischen Protestes z. B. relativ häufig auch in Nordirland auf.

Verdursten

Da werden jetzt entsetzt die Genussfreudigen – bes. ges. die Alkis unter euch – entsetzt und voller Ekel und Abscheu zusammenzucken. Mit Verdursten ist in der Tat der komplette Verzicht auf alle Getränke gemeint, und nicht nur die Alkoholhaltigen. Abhängig von eurer physischen Konstitution (also wie Fett, alt oder sportlich durchtrainiert ihr seid), kann da eine recht lange Zeit für veranschlagt werden, bis der Exitus eintritt. Abgesehen davon ist es schon eine qualvolle Angelegenheit, langsam, aber sicher zu verdursten. Ich habe von dieser Selbstmordvariante auch noch nie explizit gehört (habe allerdings jetzt auch nicht unter Wüstenvölkern geforscht, wo diese Variante bzw. Möglichkeit ja doch recht nahe liegend ist – zumindest aus tumber europäischer Sicht). Sie ist mir nur halt als eine von vielen Möglichkeiten in den Sinn gekommen. Richtig Sinn macht verdursten auch nur in Kombination mit verhungern, denn wenn man weiter so isst wie bisher, verlängert sich die Lebenserwartung – trotz strikten Getränkeverzichts – ganz erheblich. Dieser letzte Satz gilt natürlich – unter umgekehrten Vorzeichen – auch für das verhungern. Da verlängert man sein Leben bis ins unermessliche. Na ja, jetzt übertreibe ich vielleicht ein wenig. Aber wann und ob man überhaupt stirbt, wenn man auf jegliche Nahrung verzichtet, ohne gleichzeitig mit dem trinken aufzuhören (gleich welcher Art), ist außerdem äußerst umstritten. Wenn ihr Pech, habt, quält ihr euch die ganze Zeit umsonst ab und ihr sterbt beim besten Willen nicht. Oder es gehen viele Monate, wenn nicht Jahre ins Land, bis es dann endlich passiert.

Sprung aus einer großen Höhe

Bei einem Sprung aus großer Höhe ist es eigentlich mehr oder weniger egal, von wo oder was Ihr abspringt, Hauptsache, es ist hoch genug um unten nicht mehr heil anzukommen. Auch hier gibt es mehrere und auch vielfältige (besonders gut für Einfältige) Möglichkeiten.

Vom Berg stürzen

Alle Fans von Reinhold Messner sind jetzt natürlich angesprochen (nur das der natürlich nicht so dämlich ist, von einem Berg, den er mit Mühe und Not erkraxelt hat, schließlich ist er ja auch nicht mehr der jüngste, sich, damit er wieder schneller herunterkommt, herunterstürzt). Die Situation des sich von irgendetwas hinunterstürzen zu wollen ist eigentlich die eines jeden anderen Sturzes auch. Dennoch gibt es hier zwei wesentliche Unterschiede. Zum einen müsst ihr erst einmal, je nach dem, wie Fit ihr körperlich seid (wie gesagt: körperlich, nicht geistig!), einen mehr oder weniger hohen Berg erklimmen. Einmal oben angekommen, werdet ihr allerdings dafür mit einem grandiosen Blick belohnt (wenn denn das Wetter schön und der Berg hoch genug ist. Und wenn's euch überhaupt interessiert). Sollte das Wetter nicht so schön sein und ihr überlebt euren freiwilligen Absturz schwer verletzt, habt ihr wenigsten noch die Möglichkeit, zu erfrieren oder, solltet ihr erst recht spät gefunden werden, zu verhungern. Natürlich sollte die Absprunghöhe, wie bei allen anderen Stürzen, auch hoch genug sein. Ein wenig peinlich wird die Aktion dann, wenn ihr nach 2 Metern Sturz auf einem Felsvorsprung landet. Also auch hier: erst schauen, dann springen.

Der Fenstersturz

Der Fenstersturz wurde bereits im Mittelalter nicht nur von Selbstmördern als Möglichkeit in Betracht gezogen, sondern wurde auch als Protest gegen missliebige Gestalten verwendet. Ein Beispiel dafür war der so genannte Prager Fenstersturz am 23. Mai 1618, als zwei kaiserliche Statthalter aus dem Fenster des Hradschin geworfen wurden, was allerdings zur Folge hatte, dass dadurch der Dreißigjährige Krieg ausgelöst wurde. Da ihr aber nur den Krieg gegen euch selbst zum Ziel gesetzt habt und den so schnell wie möglich beenden wollt, wählt ihr am besten ein entsprechend hohes Bauwerk. Achtet bei öffentlichen Gebäuden bitte darauf, dass sich die Fenster auch öffnen lassen. Denn daran sollte es ja nun wirklich nicht scheitern. Und den entsprechenden Mumm, durch ein geschlossenes Fenster zu springen, haben wohl die wenigsten. Obwohl doch ein derart actionlastiges Spektakel wahrlich kein schlechter Abgang wäre. Gut, die Wahrscheinlichkeit, dass auch ihr damit einen Dreißigjährigen Krieg auslöst, ist – ja sagen wir mal – verschwindend gering, aber eine todsichere Aktion ist es allemal. Ein lässiger und auch 100%ig sicherer Akteur (bzw. „Akteuse") ist natürlich der bzw. die, der/die einen - wenn möglich bitte eleganten - Kopfsprung aus großer Höhe auf ein Steinpflaster oder einen Betonbelag hinlegt. Bitte achtet auch darauf, das ihr auch (wahrscheinlich das erste Mal in eurem Leben) hoch genug seid. Nehmt am Besten ein Hochhaus oder eine Brücke. Es wurden nämlich auch schon Abstürze aus dem vierten oder fünften Stock überlebt. Dies allerdings zumeist nur mit bleibenden Schäden, wie z. B. Brüche der Beine, des Beckens oder Teile der Wirbelsäule. Und da ihr ja wohl kaum vorhabt, den Rest eures Lebens jetzt auch noch als körperlicher Krüppel – ups – Behinderter natürlich, zu verleben, nehmt euch die wohlmeinenden Ratschläge bitte, bitte zu Herzen. Bei entgegen gesetzter Lage (ein Fußsprung halt) können die Füße die Aufprallkraft erheblich vermindern. Dies kann an den Beinen zu Knochenbrüchen, Wunden, Prellungen oder Quetschungen führen. Hin und wieder wird auch die Wirbelsäule in das Innere der Schädelhöhle gedrückt. In paralleler Körperlage sind ein massakriertes Gewebe des Gesichtes, Knochenbrüche und Beschädigungen der Wirbelsäule charakteristisch. Alles in allem sehr ihr definitiv nicht wirklich gut aus, wenn ihr unten aufgeschlagen seid. Bei dieser Methode braucht ihr euch übrigens keine ernsthaften Gedanken über euer modisches Outfit zu machen.

Brücke

Bei „Brücke" denkt jeder von euch – die ihr ja sicherlich alle Kunstexperten seid – natürlich sofort an die deutsche Künstler-vereinigung "Brücke", die mit ihren Werken einen Höhepunkt des deutschen Expressionismus darstellt. Aber da muss ich euch leider enttäuschen. Die sind damit nicht gemeint. Ich meine selbstredend das Bauwerk, das den Zweck hat, einen Verkehrs-weg, ein Gerinne, eine Leitung u. Ä. über ein Hindernis hin-wegzuführen. Verstanden? Gut. Viel Neues bzw. Wissenswer-tes gibt es jedoch nicht über die Brücke zu berichten. Nur eines solltet ihr berücksichtigen. Es muss alles recht fix gehen, denn wenn ihr stundenlang an der Brüstung – oder schlimmer noch, davor – steht, schöpfen andere mit Sicherheit bezüglich eures Vorhabens Verdacht. Und einige dieser Störenfriede wollen euch dann mit Sicherheit von dem abhalten, was ihr euch in Wochen-, ja gar Monatelanger geistiger Auseinandersetzung mit euch selbst vorgenommen habt. Da ich aber keine Lust habe, das beim Fenstersturz geschriebene zu Wiederholen, da es im Prinzip identisch ist, schreib ich halt nur: siehe „Fenster-sturz".

Fallschirmspringen - ohne Fallschirm

Nun werden sich die sportlichen und diejenigen angesprochen fühlen, die ein auch heute noch immer nicht alltägliches Hobby zu ihrer Passion gemacht haben. Und wer kann schon während seines Lieblingsvergnügens (nach Fußball, Biertrinken und irgendwie ja auch Sex) bzw. mit seinem Lieblingsvergnügen sich selbst ein Ende bereiten. Natürlich sind auch diejenigen angesprochen, die ihren ersten und zugleich auch ihren letzten Sprung machen wollen. Es muss nur für die nähere Umwelt, also diejenigen, die mit euch springen, so aussehen, als würdet ihr ganz normal wie sonst auch springen wollen. Ohne Fallschirm ins Flugzeug zu steigen würde da beispielsweise doch etwas verräterisch wirken. Also, ganz normal den Fallschirm überziehen und ganz einfach losspringen. Ihr braucht dann während eures Absprungs nur ganz einfach eure Reisleine nicht zu ziehen, und das war es dann. Es handelt sich hier um eine hundertprozentige und auch absolut schmerzfreie Methode. Damit ihr ganz sicher gehen wollt, entfernt ganz einfach vor dem Sprung die Reisleine. Dann braucht ihr euch während des Sprungs nicht zu überlegen, ob ihr es vielleicht doch nicht tun wollt.

Sprung aus einem Zeppelin

Bei einem Sprung aus einem Zeppelin gilt mehr oder weniger das schon eben bei den anderen Sprungmöglichkeiten erwähnte. Das Manko bei einem Zeppelin ist allerdings, wo bekommt man den so schnell her? Und, nächste Schwierigkeit, ihr müsst, um überhaupt zum springen zu kommen, an Bord durch eine Türe. Und die wird wohl kaum, wie an Bord eines Flugzeugs, für jedermann jederzeit während des Flugs geöffnet sein. Einzige realistische Möglichkeit ist meiner Meinung nach tatsächlich die, mit dem Fallschirm abspringen zu wollen. Na ja, sagen wir mal, halbwegs realistisch.

Sprung aus einem Ballon

Da gilt auch das, was ich für den Zeppelin geschrieben habe. Nur das man natürlich erheblich leichter an einen Ballon (nein, kein Luftballon) kommt.

Luftanhalten

„Jetzt halt doch mal endlich die Luft an!". Mal ganz ehrlich, wie oft in eurem Leben habt ihr diesen Satz denn so gehört? Hm, ihr wisst es nicht? Na ja, eigentlich ist das auch egal, denn es tut ja nicht wirklich etwas zur Sache. Aber, warum diesen Ratschlag denn nicht auch in die Tat umsetzen, und die Luft

einfach anhalten? Schließlich braucht man ja nur das Atmen dafür einstellen. Und der Clou wäre jetzt natürlich, dies aufgefordert – halt nach dem Eingangs zitierten Spruch – zu machen. Wenn Ihr es schafft, derartiges durchzuziehen, Hut ab! Derjenige, der den Spruch losgelassen hat, wäre dann allerdings so ziemlich in der Bredouille. Also sollte das nur dann durchgeführt oder, bes. ges., versucht durchgeführt zu werden bei Personen, die es nun wirklich verdient haben. Denn ganz so einfach ist es für viele nicht, indirekt den Tod eines Menschen auf dem Gewissen zu haben. Dass es so ja gar nicht wirklich ist, sondern von euch nur eine geplante Aktion war und er/sie sozusagen das Bauernopfer, wissen die betreffenden Personen ja schließlich nicht. Es sei denn, ihr habt oder bekommt ein schlechtes Gewissen und schreibt einen Abschiedesbrief, indem ihr so einiges klarstellt. Das würde die Coolness der Aktion allerdings deutlich minimieren, wenn nicht sogar zunichte machen. Ist also nur etwas für Warmduscher, Weicheier oder Beckenrandschwimmer. Und zu denen zählt ihr doch wohl nicht! Oder doch??? Es handelt sich beim Luftanhalten also um eine Möglichkeit, die ebenso simpel wie schwierig ist. Oder etwa nicht? Auf der einen Seite ist es zwar das einfachste auf der ganzen Welt, den Atem anzuhalten. Aber bis zum Schluss, dass schafft kaum jemand. Zum einen kann es an der fehlenden Willenskraft der entsprechenden Person liegen, zum anderen, dass man bei dieser Aktion einfach nur dass Bewusstsein verliert und dann irgendwann einmal wieder aufwacht. Wahrscheinlich auch noch so, als sei nichts geschehen. Oder man hat zumindest einen Brummschädel. Natürlich kann man diese Prozedur wieder und wieder Wiederholen in dem festen Glauben, dass man irgendwann ja mal nicht mehr aufwacht.
Fazit: da diese Methode auf der einen Seite zwar echt cool wirkt, aber auf der anderen Seite nicht nur sehr unsicher, sondern unter Umständen auch sehr langwierig sein kann, muss ich eigentlich davon abraten.

Mund und Nase zukleben

Sich Mund und Nase zukleben und dann langsam, aber sicher, verrecken, ist wohl eher etwas für hartgesottene oder altgediente SMler. Diese Variante bietet allerdings auch die Möglichkeit, es nach Mord aussehen zu lassen. Zumindest, wenn ihr es etwas geschickt anstellt. Wenn Ihr also noch jemandem etwas in die Schuhe schieben wollt, sicherlich keine schlechte Idee. Dabei nicht vergessen: es sollten zumindest die Fingerabdrücke eures speziellen Freundes bzw. eurer speziellen Freundin auf dem Klebeband vorhanden sein. Na ja, ich gebe ja zu, ein bisschen gemein ist das schon.

Plastiktüte über den Kopf stülpen

Diese Möglichkeit ist eigentlich mehr etwas für die Spaßvögel unter euch, denn es handelt sich hier schon um eine klassische Mord-Methode. Wenn ihr zum Schluss noch für etwas Verwirrung und Aufregung sorgen wollt, ist die „Plastiktütenmethode" goldrichtig. Nehmt einfach eine weite, luftdichte Plastiktüte (halt ohne Löcher!) und stülpt sie euch über euren Kopf. Dann bindet ihr etwas um euren Hals, so dass die Sache luftdicht abgeschlossen ist. Auch auf diese Art und weise könnt ihr recht locker ersticken. Na ja, so locker ist das vielleicht doch nicht. Zumindest ist es – wenn ihr es denn richtig macht, und so arg viel falsch machen kann man da nun wirklich nicht – eigentlich 100%ig sicher.

Der Draht

Da der Draht eine der Utensilien zum Erdrosseln darstellt und dies bereits beschrieben wurde, möchte ich auf weitere Ausführungen verzichten.

Der Zug bzw. die Eisenbahn

Eine weitere Möglichkeit, die besonders die Modelleisenbahnfreaks unter euch faszinieren dürfte, ist die, durch einen Zug getötet zu werden. Auch hier handelt es sich um eine sehr einfache und auch sehr kostengünstige (da Gratis) Methode. Es muss aber darauf hingewiesen werden, dass ihr danach nicht mehr allzu gut ausseht (was allerdings wohl bei den meisten von euch kein großer Unterschied zu "vorher" ist). An der von einem Schienenfahrzeug überfahrenen Leiche finden sich zumeist ungewöhnlich zahlreiche und schwere Verletzungen. In der Regel werden einzelne Körperteile zerquetscht oder abgetrennt, können mitunter auch recht weit vom Geschehen entfernt herumliegen oder an den Fahrzeugen hängen bzw. kleben bleiben. Die durch überfahren von einem Zug entstandenen Wunden zeichnen sich durch große Veränderlichkeit aus, weil außer dem Abtrennen von Körperteilen auch Schnitt-, Hieb- Quetsch-, Riss- und Schlagwunden festzustellen sind.

Auch hier gibt es mehrere Arten.

1. **Sich auf die Gleise legen:** Dafür sollte man sich vielleicht nur in der etwas wärmeren Jahreszeit entscheiden. Des weiteren solltet ihr euch vielleicht vorher den Fahrplan anschauen, damit ihr auch völlig sicher seid, dass da ja auch definitiv ein Zug kommt und ihr nicht allzu lange dumm auf den Gleisen herumliegt und vielleicht auch noch entdeckt oder gar gerettet werdet. Oder dass ihr euch sogar auf einen längst stillgelegten Gleisabschnitt gelegt habt. In der Regel legt man sich vertikal zur Richtung des Gleises so auf die Schienen, dass der auf einer Schiene liegende Hals beim überfahren abgetrennt wird und besonders auch die unteren Gliedmaße beschädigt werden. Warnung: Für Liliputaner und Pygmäen trifft diese Aussage natürlich nicht zu!
2. **Sprung vor bzw. unter einen fahrenden Zug:** Dabei müsst ihr natürlich den entscheidenden Moment abpassen, wann der Zug kommt. Ihr dürft euch nicht zu spät, aber auch nicht zu früh vor bzw. unter den fahrenden Zug werfen. Man kann allerdings auch von einer Anhöhe (z. B. Berg, Hügel oder Brücke) aus sich vor den heranfahrenden Zug werfen.
3. **Kopf zwischen die Räder des abfahrenden Zuges stecken:** Relativ schlecht zu verwirklichen, da an den meisten Bahnhöfen ein reger Personenverkehr herrscht und dies durchaus hinderlich sein könnte. Denn man will ja nun einmal nicht gerettet werden.

Was mich persönlich stört, ist eine schlicht und einfach nicht zu verleugnende Tatsache, dass Selbstmörder die unsagbar dumme Angewohnheit haben, sich ausgerechnet zu Rush Hour Zeiten umbringen zu wollen, wenn man es i. d. R. sehr eilig hat. Kann man sich so etwas denn nicht vorher überlegen? Müssen diese Menschen denn auch noch unmittelbar nach ihrem Tode so derartig, u. a. auch mit ihren dann herumliegenden Körperteilen, Nerven?

Die Straßenbahn

Über die Straßenbahn kann man eigentlich nur eines sagen:

wie uncool

Ansonsten kann man getrost das über den Zug geschriebene auch auf die Straßenbahn übertragen.

Der Fön in der Wanne

Wer genießt es nicht: ein entspannendes Bad nach einem stressigen Tag, am besten noch ein beruhigendes Fichtennadelbad, wo man so richtig relaxen kann. In einer solchen anheimelnden Atmosphäre ist es doch ein leichtes, sich völlig entspannt endgültig zu entspannen. Man lege sich einfach den Fön griffbereit, und natürlich funktionsfähig und angeschlossen, in die unmittelbare Nähe der Badewanne hin, und, wenn es einem danach ist, nimmt man und wirft bzw. legt den laufenden Fön zu sich in die Wanne. Das war es dann schon. Mal ehrlich, einfacher geht es doch nun wirklich nicht. So schnell, absolut unblutig und schmerzlos, dass ist nun schon ein Sahnetörtchen unter den Selbstmordarten. Kleiner Tipp am Rande: Um zu vermeiden, dass man das ganze eventuell für Mord hält (was man ja eigentlich nicht möchte), schreibt man schlicht und einfach einen Abschiedsbrief.

Überqueren einer Straße

Es ist doch so einfach. Ihr geht einfach aus dem Haus, habt ein Ziel vor Auge und los geht's. Natürlich könnt ihr dann lässig bei Rot die Straße überqueren, doch sieht das viel zu sehr nach Unfall aus, und das soll es ja schließlich nicht. Abgesehen davon verwickelt ihr dann unschuldige Dritte in einen ziemlichen Schlamassel. Deshalb ist von diesem Verfahren strikt abzuraten.

Erfrieren

Erfrieren ist eine ebenso preiswerte wie einfache Möglichkeit aus dem Leben zu scheiden. Man kann sich beispielsweise in einer kalten Winternacht (unter null Grad sollte es allerdings schon sein) schlicht und einfach abends auf eine Parkbank setzen, und Schwupps, ist man am nächsten morgen schon ein Eisklotz. Und definitiv tot! Allzu schwierig dürfte die Ortswahl auch nicht sein, denn wer geht schon großartig nach Einbruch der Dunkelheit in den Wintermonaten in einem Wald (kann durchaus ein Stadtwald sein) spazieren? Sicherlich die wenigsten. Dennoch sollte man vorsichtshalber wert auf ein einsames Plätzchen legen. Ein klein wenig problematisch – um nicht zu sagen – unmöglich, ist diese Möglichkeit im Sommer. Aber selbst da gibt es noch immer Auswege, es doch noch durchführen zu können. Und da braucht man gar nicht erst in die Arktis oder Antarktis zu fliegen, ein Gletscher in den Alpen tut es da durchaus auch. Ebenso problematisch ist es auch – es sei denn, man ist Liliputaner – wenn man meint, sich in einen Gefrierschrank stellen zu müssen und sich irgendwie darin einschließt. Praktischer ist es da schon, wenn man sich bei Aldi, Otto Mess, Penny Markt etc. nach Ladenschlusszeit einschließen lässt (irgendeinen Ort in dem Laden wird man ja wohl finden, wo man sich verstecken kann und nicht gefunden wird) und sich dann, nachdem auch der Letzte (Achtung, es kommt mit Sicherheit noch eine Putzkolonne) den Laden verlassen hat, gemütlich in eine der Gefriertruhen legt (natürlich muss man sie noch leer räumen bzw. sich soviel Platz verschaffen, dass es zum liegen reicht). Auch da ist man am nächsten morgen definitiv ein Eisklotz, und – wie gesagt - Tod.

Hitzschlag

Was dem einen sein erfrieren, ist dem anderen sein Hitzschlag (bzw. Hitzeschlag. Es gibt beide Schreibweisen). Welche von den beiden Versionen die schönere bzw. die bessere ist kann ich aber leider nicht sagen. Bei einem Hitzschlag (übrigens nicht zu verwechseln mit einem Hitzfeld) steigt zusätzlich die Körpertemperatur über 40°C an. Der Hitzschlag macht sich bemerkbar durch Übelkeit, Kopfschmerzen, Störungen von Atmung und Kreislauf, Erbrechen, Reizerscheinungen im Gehirn (wenn vorhanden), die sich bis zu Krämpfen steigern können und schließlich und endlich zum abnippeln führen können (aber nicht unbedingt auch zwangsläufig müssen). Wahrscheinlich, was auch am naheliegendsten erscheint, ist die Erfrierens-Methode gut für Wintersportler und der Hitzschlag gut für die Sonnenanbeter. Könnte aber auch genauso umgekehrt sein. Was aber letztendlich auch egal ist. Und um an einem Hitzschlag zu sterben, muss es zwangsläufig, und das wird sicherlich jedem Sonnenklar sein, entsprechend heiß sein. Das sich unsere Breitengrade – auch wenn einem der Sommer durchaus als manchmal sehr heiß in Erinnerung bleibt – für diese Methode beim besten Willen nicht eignet, sei hier nur mal am Rande erwähnt. Aber dafür leben wir ja in der Europäischen Gemeinschaft. Da ist es beispielsweise in Athen in den Sommermonaten so heiß, dass entsprechend viele Menschen kollabieren und dabei letztendlich auch draufgehen. Um Wettertechnisch auf der ganz sicheren Seite zu sein, wäre es aber schon ratsam, wirklich heiße Gefilde, wie z. B. die Sahara, die Namib-Wüste in Namibia oder die Atacama-Wüste in Chile aufzusuchen. Diese klimatisch reizvollen Landschaften laden dann auch mehr oder weniger ganzjährig zum Selbstmord ein. Wenn ihr nun Zweifel habt, dass dies eventuell zu teuer ist, denkt bitte immer daran, dass es sich ja um eure letzte Reise handelt. Da braucht man ja nun beim besten Willen nicht mehr knauserig zu sein. Und wenn es tatsächlich Kohlemässig hinten und vorne nicht reichen sollte, wofür gibt es denn schließlich Banken und Sparkassen. Oder – last, but not least, Freunde, Bekannte oder halt die buckelige Verwandtschaft, von denen es sich bestimmt etwas Kohle leihen lässt. Kleine Anmerkung. Auch hier ist es wie bei vielen anderen Selbstmordversuchen: solltet ihr das ganze, aus welchen Gründen auch immer, überleben, kann es durchaus zu einer Hirnschädigung als Folgeerscheinung kommen.

Gefressen werden – sich fressen lassen

Bei dieser doch sehr exotisch anmutenden Methode gibt es gleich zu Beginn das nicht zu vernachlässigende Problem, dass ihr zum Zeitpunkt des Gefressenwerdens noch am Leben seid. Wenn ihr euch dessen bewusst seid und euch mit dem Gedanken anfreunden könnt, dass es blutig, eklig und, nicht zu vergessen, sehr schmerzhaft ist, auf diese Weise zu sterben (ganz abgesehen von der Tatsache, dass, je nach dem, mit welchem Körperteil begonnen wird, die Angelegenheit – wenn nicht gleich zu Beginn mit dem Kopf angefangen wird - durchaus recht langwierig werden könnte), dann seid ihr mit dieser Methode schon Bahnbrechend. Alleine könnt ihr dies allerdings, was wohl doch so ziemlich einleuchtend sein sollte, nicht machen. Da ich unter „Gefressen werden" nur die Mithilfe von Tieren verstehe, möchte ich auf die Menschen mit derartigen Vorlieben – sprich Kannibalen – nicht näher eingehen. Zum einen, weil es eine abgrundtiefe Barbarei darstellt, zum anderen, weil ich keine Ahnung habe, wo man derartige Psychopathen finden könnte. Nun ja, die Tiere, von denen ihr gefressen werden könntet. Da sind die Möglichkeiten in unseren Breitengraden doch relativ dünn gesät (es sei denn, man ist – rein zufällig natürlich – der Halter eines exotischen Lebewesens. Nein, meine Herren, ich meine damit KEINE Thai!). Und das einem ein Bär oder ein Wolf – was ja rein theoretisch, zumindest was den Wolf anbetrifft, passieren könnte – über den Weg läuft. Nun, davon habe ich also noch nie etwas gehört oder gelesen. Nicht einmal in der Zeitung mit den vier großen Buchstaben. Sieht man mal also davon ab, dass man sich in einem Zoo oder in einem Zirkus irgendwie in den Löwen-, Tiger-, Panther-, Bären- etc. Käfig sperren lässt (wie immer man dies auch anstellt), bleibt einem wohl nichts anderes übrig, als die heimischen Gefilde zu verlassen und sich einen exotischen und barbarischen Ort zu suchen, wo man dieser Methode von ganzem Herzen frönen kann. Da ist „Safari" wohl das Stichwort. Nur das ihr diesmal Wild Wild sein lasst und für sie den lebenden Köder mimt. Einfach alleine auf Jagd gehen und den Spieß halt umkehren lassen. Das war's dann auch. Auf die anfallenden Kosten einer derartigen Reise will ich jetzt nicht schon wieder eingehen und gehe daher Geschwind zum nächsten Punkt über.

Der so genannte Abenteuerurlaub

Wenn jetzt schon die ganze Zeit über die Punkte Reisen, Urlaub, Ferien etc. mehr oder weniger in am Rande tangierender Weise angesprochen worden sind, so soll dem ganzen doch dann ein einzelner Punkt gewidmet werden. Was kann man also unter einem Abenteuerurlaub für Selbstmörder denn so verstehen? In erster Linie sicherlich eine Reise ohne Wiederkehr. Wo soll es denn dann nun hingehen? Neben den bereits erwähnten Reisezielen sind da z. Zt. der Irak, Afghanistan oder auch die Koka-Mafia Hochburgen Bogota und Medellin in Kolumbien erste Adressen. Aber auch Sightseeingtouren durch die Favelas von Rio de Janeiro (in Brasilien), die Elendsviertel von Mexiko-City oder Lima (in Peru), oder in die Townships von Soweto in Südafrika bieten große Wahrscheinlichkeiten, diese nicht mehr so zu verlassen, wie man hereingekommen ist. Und wenn doch, versucht man es halt immer wieder. So lange, bis sich dann endlich der Erfolg einstellt.

Körperbemalung

Nein, hier sollt ihr jetzt nicht Winnetous Kriegsbemalung nachmalen. Mit Körperbemalung ist eine Ganzkörperbemalung gemeint. Denn dann können die Poren nicht atmen und man gibt still und leise (oder auch nicht still und leise) den Löffel ab. Dies ist eine absolut sichere Methode, insofern du eine Farbe hast, die deine Poren am Atmen hindern. Vergesst aber die behaarten Stellen (v. a. der Kopf ist hier gemeint. Vielleicht rasiert ihr euch da besser) und eure Fußsohlen nicht. Es Muss bis zum allerletzten Stückchen Haut alles angemalt werden, denn wenn eure Poren doch irgendwie atmen können, dann sterbt ihr nicht. Was die Farbe der Farbe anbetrifft (es muss übrigens nicht nur eine sein), habt ihr jetzt die Qual der Wahl. Aber vielleicht nehmt ihr ja einfach nur eure Lieblingsfarbe. Sucht es euch halt aus.

Zermalmt werden / sich zermalmen lassen

Wenn ihr euer Leben lang immer nur platt und oberflächlich gewesen seid, stellt diese Alternative einen würdigen Abgang für euch dar. Das einzige, das ihr braucht, ist eine funktionsfähige Schrottpresse. Denke mal, so etwas gibt es in jeder mittelgroßen Stadt. Ihr müsst nur ein bisschen suchen (Stichwort: Schrottplatz bzw. Autoschrottplatz). Da es ja – wie schon zum Erbrechen x-mal erwähnt – ausschließlich ohne die Mithilfe anderer funktionieren soll, wird die Sache zwar etwas komplizierter, aber nicht wirklich sehr schwierig (es sei denn, ihr seid beispielsweise Rollstuhlfahrer, habt keine Beine oder ihr seid sonst wie gehandicapt). Ihr müsst nur irgendwie ungesehen in die Führerkabine (oder wie auch immer man das bei einer Schrottpresse nennt) gelangen, diese anwerfen und schnell hinunterspurten und euch in die Schrottpresse legen. Oder stellen, setzen oder macht doch was ihr wollt! Setzt euch doch einfach in ein Auto, was sich gerade in der Schrottpresse befindet. Dann braucht ihr keine weiteren Gedanken zu verschwenden. Ach, ehe ich es vergesse: diese Art zu sterben ist eine sehr schnelle, da innerhalb weniger Sekunden zerquetscht werdet.

Für Bastler, Tüftler und Heimwerker

Jetzt gibt es ein paar Tipps für die technisch Begabteren bzw. die Kreativen unter euch. Dafür müsst ihr nicht nur Geschick und Können mitbringen, nein, sondern v. a. Geduld und – unter Umständen – auch entsprechend viel Kohle.

Enthauptung im Allgemeinen

Die Enthauptung bzw. das Köpfen ist die Abtrennung des Kopfes vom Rumpf, entweder als aktive Handlung zum Zwecke der

Hinrichtung oder als Unfallverletzung. Sie wurde zumeist mit einem Schwert, einer Axt oder einem Fallbeil, der sog. Guillotine (komme später noch darauf), durchgeführt. Die Enthauptung ist, da kann man sagen, was man will, definitiv eine hundertprozentige Sache. Klitzekleine Haken dabei sind natürlich die Verfügbarkeit der Mittel und die Durchführbarkeit. Denn wer hat schon über eine Guillotine bzw. weiß, wo man etwas Derartiges kaufen bzw. besorgen kann? OK, ebay, Obi oder Eisen-Karl vielleicht, oder aus einem Museum beispielsweise, aber die geben so etwas – auch leihweise – mit Sicherheit nicht so schnell heraus. Und für die meisten anderen Methoden einer Enthauptung braucht man eine zweite Person. Abgesehen davon, dass es hier doch ein wenig über Nachbarschaftshilfe oder einen Freundschaftsdienst hinaus geht, steht die helfende Person am Ende doch schlicht und einfach als Mörder dar. Und da findet mal jemanden! Auch richtig lange Arme helfen einem da nichts. Probiert es einfach in der Theorie einmal aus. Ihr werdet sehen, es geht beim besten Willen nicht.

Die Guillotine

Für die Guillotine, dass von dem französischen Arzt Joseph-Ignace Guillotin entwickelte und während der Französischen Revolution 1792 eingeführte und nach ihm benannte mechanische Fallbeil zur schnelleren und schmerzloseren Vollstreckung der Todesstrafe durch Enthauptung muss man handwerklich schon zu den etwas Begabteren gehören, denn der Bau setzt nicht nur viel Arbeit, sondern auch viel Können bzw. Geschick voraus. Wenn ihr es also nicht allzu eilig habt, diese Welt zu verlassen und es mit Kreativität angehen wollt, ist dies schon eine gute Methode. Vorteile sind natürlich ihre Schnelligkeit und die Publizität, die ihr nach eurem Ableben haben dürftet, Fast schon schade, dass ihr es nicht mehr erleben könnt. Für die Ungeschickteren unter euch, die aber dennoch diese Methode gerne anwenden würden: Käuflich erwerben könnt ihr eine Guillotine mit an Sicherheit grenzender Wahrscheinlichkeit (leider) nicht.

Der elektrische Stuhl

Da fühlt sich natürlich sofort der Extremhobbybastler angezogen. Der elektrische Stuhl ist eine sehr erfolgreiche Methode, die schon seit geraumer Zeit zur Strafe von bösen, bösen, hast du nicht gesehenen Leuten in den USA zur Strafe und zur Abschreckung eingesetzt wird. Er ist eine Vorrichtung zur Hinrichtung von Personen durch elektrischen Strom. Hier ist allerdings ein gehörige Portion Sachkenntnis von Nöten, Ideal geeignet für Elektroingenieure, die, wenn sie sich schon nicht selbst Umbringen wollen, ihre Kenntnisse bzw. ihr know how ruhig in den Dienst einer höheren Sache (z. B. der Bruder oder der beste Freund) geben könnten. Beim Bau nicht vergessen: der Einschaltknopf oder Schalter muss in Reichweite sein, denn wenn ihr einmal Platz genommen habt und euch das Lebenslicht ausknipsen wollt, ist es schon Arg peinlich, wenn ihr den Knopf oder Schalter so angebracht habt, dass ihr nicht an ihn heran könnt, ohne vom Stuhl aufstehen zu müssen.

Diverse Vorschläge, die da wo so richtig wehtun können

Jetzt werden ein paar Ideen vorgetragen, die beim besten Willen nichts für diejenigen sind, die Zeit Ihres Lebens immer Weicheier und Warmduscher waren. Diese sollten diese Passagen getrost überspringen. Aber für die etwas härteren unter euch – oder halt für ein paar gestörte SMler, sind die Vorschläge doch zumindest einmal Überschlafenswert. Schaut es euch mal an. Oder besser: lest es euch mal durch.

Verätzen der Speisewege

Das Verätzen der Speisewege – ups, dass tut jetzt wirklich sehr weh!!! – aber wenn ihr auf tolle und große Schmerzen bzw. Qualen steht, so seid ihr hier vollkommen richtig. Das Verätzen ist schlicht und einfach ein verletzen durch ätzende Stoffe. Bei einem Selbstmordversuch durch Verätzen der Speisewege tritt der Tod meist vier bis acht Stunden nach dem Trinken ein. Die

Symptome sind allerdings z. T. qualvolle Schmerzen, vor allem in der Speiseröhre und im Magen, bevor vor dem Ende die Bewusstlosigkeit eintritt. Solltet ihr diese Tortur allerdings überleben, so ist der Rest ihres Lebens nicht gerade mehr sonderlich lebenswert, da an Speiseröhre und Magen sehr schmerzhafte Strikturen (Striktur = Verengung eines Körperkanals) entstehen. Es handelt sich hier also nicht gerade um eine allzu lässige Art des Löffelabgebens, es sei denn, ihr steht, wie Eingangs bereits erwähnt, auf Schmerzen.

SM-Szene

Nein, meine lieben Freunde des Adels und Hochadels, mit dem Kürzel SM meine ich jetzt nicht „Seine Majestät". Mit SM meine ich eine gewisse Szene, die sich an Sadismus und Masochismus erfreut. Tja, da kenne ich mich zugegebenermaßen überhaupt nicht mit aus, da diese Praktiken – kaum zu glauben, aber wahr – absolut nichts für mich sind. Sinn und Zweck (denke ich mir doch mal so) von SM, ist quälen und gequält zu werden. Nun, dies kann man ja auch bis zur bitteren Neige, will sagen, bis zum – wörtlich zu nehmenden – Schluss durchführen. Aber da es mir etwas schwer fällt, mich in diese Praktiken hineinzudenken, falle ich als kompetenter Ratgeber schlicht und einfach aus. Wenn euch hier Details interessieren sollten, kümmert euch halt selbst um die Infos. Für mich ist diese Welt absolut nichts.

Sich Verstümmeln

Ob es sich beim Verstümmeln bzw. bei der Selbstverstümmelung auch um eine Praktik des sich Umbringens – nur halt auf Zeit – ist, kann man ohne Zweifel geteilter Meinung sein. Da auch dies nicht so ganz meine Welt ist, falle ich an dieser Stelle leider erneut als Ratgeber aus. Sorry, aber es ist nun mal halt so. Na ja, ein paar (also zwei) Beispiele bzw. Anregungen für euch sind mir längerer Überlegung dann doch eingefallen.

Die Kettensäge

Die Kettensäge-Methode ist eine etwas blutige und unhandliche Methode. Außerdem erfordert sie schon sehr viel Willenskraft und man wird es wohl kaum schaffen, sich den ganzen Kopf vom Rumpf abzutrennen (und wenn doch, ein ewig bleibender Ruhm bleibt dann von euch der Nachwelt erhalten. Na, wenn das nichts ist). Aber dennoch sollte man sie als Möglichkeit nicht völlig außer Acht lassen.

Sich irgendein Körperteil abhacken

Hier handelt es sich ohne Zweifel um eine etwas unappetitliche Methode, die durchaus mit der des „Gefressen Werden", was Blut, Ekel und Schmerz anbetrifft, mithalten kann. Entscheidender Unterschied ist, dass man niemanden zur Hilfe braucht. Na ja, nicht, wenn ihr vorhabt, mit dem Kopf zu beginnen. Da könnt es schon ein wenig problematisch werden. Es sei denn natürlich, ihr habt außergewöhnlich lange Arme und/oder seid außergewöhnlich gelenkig. Dann könnte es eventuell schon funktionieren. Aber reden wir von etwas weniger sportlichem. Beispielsweise sich einen Fuß – oder wenn ihr einmal dabei seid, nehmt doch gleich beide Füße – abhacken. Zugegeben, kein angenehmer Gedanke, und gelenkig muss man dabei doch sein, habe ich gerade festgestellt. Nehmt dann doch lieber eine Hand. Eine, wohlgemerkt, denn zwei geht ja doch irgendwie schlecht. Auf welche Art und Weise ihr dann allerdings den Tod findet, verbluten oder Infektion der betroffenen Stelle oder sonst irgendetwas, ich weiß es nicht genau. Wartet einfach ab, was zuerst eintritt.

Methoden, die auch Spaß machen können

Spaß ist immer etwas relatives, denn jeder versteht etwas anderes darunter. So haben sicherlich bei einigen von euch die eben erwähnten Möglichkeiten einen gewissen Spaßfaktor, den aber nur wenige teilen können. Deshalb hier ein paar Vorschläge, die mehr oder weniger für die Allgemeinheit und nicht nur für ein paar Exoten sind. So. Genug der Vorrede. Nach den Beispielen, die so richtig wehtun können, nun ein paar Dinge, die auch Spaß machen. Und auch wirklich so richtig. Dazu gehört in erster Linie ein Gläschen (oder auch zwei...oder drei...oder vier.....) von eurem liebsten Getränk. Und, was wirklich so richtig Spaß macht: ihr fickt euch einfach zu Tode (Herzinfarkt oder Schlaganfall als Folge der Überanstrengung).

Alkohol

Jetzt sehe ich schon die Augen von vielen von euch leuchten, denn für die immer Durstigen unter euch ist natürlich euer guter alter Freund Alkohol auch in dieser Lebenslage der richtige Helfer. Es kommt auch nicht so sehr darauf an, was ihr trinkt, sondern wieviel ihr trinkt. Die tödliche Dosis liegt etwa bei 8 g Alkohol/kg Körpergewicht. Da ich natürlich nicht genau wissen kann, was jeder von euch so gerne verkonsumiert (d. h., wieviel jeder so individuell vertragen kann), heißt das, ihr müsst ein bisschen rechnen, ob die Menge, die ihr zu trinken gedenkt, auch ausreicht. Am besten, ihr gebt euch so richtig ordentlich die Kante, dann braucht ihr nicht zu rechnen (ist ja schließlich auch nicht ganz so einfach) und es ist für immer Schluss mit lustig. Am besten, ihr trinkt so viel, wie beim besten Willen nicht mehr herein geht. Und es muss tatsächlich nicht zwangsläufig eine niedrigprozentige Variante gewählt werden. Trinkt einfach – wie schon erwähnt – entsprechend viel davon. Bier, Wein, Sekt ist ja auch nicht wirklich unangenehm, auch in Massen. Hochprozentig ist natürlich Absinth ein guter Vorschlag. Bisschen Delirium ist ja schließlich auch nicht schlecht.

Zu Tode fi...

Tut mir leid, aber ich habe mich irgendwie nicht getraut, dass spezielle F-Wort auch auszuschreiben. Bin halt ein wenig schüchtern. Bei dieser – wie ich finde – sehr interessanten und auch ausfüllenden Variante kann ich aber leider nur mit einem Vorschlag für den Mann dienen. Und der sollte dann auch noch – wenn möglich entweder Herzkrank sein oder halt eben schon ein recht labiles Wesen (von seiner körperlichen Konstitution her) oder, um nicht zu sagen, ein Wrack oder halt entsprechend alt sein. Ansonsten ist es schon recht schwer, dabei – gewollt – ums Leben zu kommen. Ach ja, die Viagra Pillen (und nicht zu wenige davon) bitte nicht vergessen. Ohne sie wird es doch verdammt schwer. Klitzekleiner Haken bei dieser Aktion: wo bekommt Ihr die entsprechende Frau her? Tja, wenn Ihr keine aktuell zur Verfügung habt – und wenn doch, sollte sie schon mit einem Sexmarathon einverstanden sein (wobei ihr's ja ihr nicht unbedingt auf die Nase zu binden braucht). Obwohl – es muss ja nicht zwangsläufig ein Sexmarathon werden, je nach dem, wie ihr euch verausgabt – kann das ja dann auch relativ schnell gehen. Und habt Ihr gerade keine Frau zur Verfügung oder ihr wollt nicht die eigene nehmen (im wahrsten Sinne des Wortes), nehmt euch halt eine Nutte. Ist vielleicht auch die einfachste Lösung. Vor allem zieht Ihr auch keine bekannte Person mit in eure Aktion herein. Da ist eine Nutte schon irgendwie diskreter. Wenn Ihr bei dieser Variante Erfolg habt, könnte es natürlich etwas peinlich sein, so zu Tode gekommen zu sein. Aber was euch anbetrifft: was soll's, ihr seid doch dann Tod! Und was eure Verwandte, Freunde, die netten Nachbarn über euch denken: scheiß drauf!

Sorry noch wegen euch Frauen, aber mir ist leider kein – auch nur halbwegs vernünftiges – Beispiel eingefallen. Und ob das über den Mann so geschrieben auf die Frau eins-zu-eins Übertragbar ist, weiß ich leider nicht.

Kombinierter Selbstmord

Unter einem kombinierten Selbstmord (bitte nicht verwechseln mit dem sog. erweitertem Selbstmord) versteht man oder besser gesagt verstehe ich, denn ich habe das gerade so getauft, wenn ihr zwei (oder mehrere) Aktionen gleichzeitig durchführt. Ob das übrigens vor mir schon jemand anders so getauft hat weiß ich nicht. Interessiert mich aber auch nicht. Also, bei kombinierten Selbstmorden werden zwei oder noch mehr Selbstmordpraktiken gleichzeitig oder kurz nacheinander angewendet. Ein Selbstmörder kann z. B. toxische Mittel einnehmen, um sodann den Tode durch elektrischen Strom oder einen Sprung aus großer Höhe zu suchen. Diese doppelt und dreifach durchgeführten Aktionen erhöhen natürlich die Möglichkeit, auch wirklich mit einer großen Sicherheit aus dem Leben zu scheiden. Ein weiteres Beispiel für einen kombinierten Selbstmord ist, sich in der Badewanne die Pulsadern aufschneiden **und** den Fön hineinwerfen. Zugegeben, irgendwie ist das schon eine seltsame Konstellation, aber sich während einer Badesession die Pulsadern aufschneiden und langsam in den Zustand der Apathie hineingleiten, das hat schon etwas. Und wem das ganze zu lange dauert, der wirft halt noch kurz entschlossen den Fön hinein. Gut, dass war es jetzt aber. So richtig überzeugt mich selbst das alles nicht so ganz.

Selbstmord „mit Hilfe eines kleinen Lieblings"

Unter dem Selbstmord mit Hilfe eines kleinen Lieblings ist der Selbstmord mit Hilfe von Tieren gemeint. Was auf den ersten Blick vielleicht etwas verblüfft und sich auch irgendwie total beknackt anhört, ist auf den zweiten Blick eigentlich eine selbstverständliche Alternative, wenn auch nur für eine winzige Minderheit. Gemeint sind nämlich derjenigen, die sich Vogelspinnen, Giftschlangen oder sonstiges als Haustier halten bzw. einen einfachen Zugang zu diesen haben. Wellensittiche, Hamster, Dackel oder auch Meerschweinchen können euch allerdings beim besten Willen nicht helfen, falls euch jetzt ein derartiger Gedanke gekommen sein sollte. Da sich nur eine exklusive, spinnerte Minorität dieses zum Hobby gemacht hat, wird hier nicht weiter darauf eingegangen, sondern nur als extravagante Alternative erwähnt. Übrigens ist auch der Selbstmord mit Hilfe eines Tieres historisch belegt, denn schon Kleopatra brachte sich durch eine Schlange, oder, besser gesagt mit Hilfe ihres Giftes um.

Sahnetörtchen unter den Selbstmordarten

Die Sahnetörtchen unter den Selbstmordarten muss eigentlich jeder für sich selbst heraussuchen (wenn man denn überhaupt irgendeine spezielle Art und Weise derartig bezeichnen kann).

Denn welche Art zu sterben die schönste ist, sollte jeder selbst wissen und/oder sollte jeder für sich selbst entscheiden. Es müssen dabei aber z. B. einige Punkte berücksichtigt werden (wie ich bereits zu Anfang irgendwann einmal erwähnt habe): wie aufwendig soll die Aktion sein, soll sie möglichst schmerzlos sein, soll es schnell gehen, soll es billig sein, etc. (ich will sie hier jetzt nicht alle wiederholen)? Nur wenn ihr diese Fragen euch selbst beantwortet habt, könnt ihr eine Lieblingsselbstmordart auswählen.

Mit der Gesundheit spielen

Gesund sein heißt frei von Krankheit sein. Aber ist man deshalb tatsächlich auch Gesund, wenn man glaubt, gesund zu sein? Dies ist schon eine sehr oberflächliche Sichtweise der Dinge, wenn man sie denn oberflächlich betrachtet. Da wir dies aber nun beim besten Willen nicht tun, ist auch diese Betrachtungsweise von einem intellektuellen Nährwert. Denn ist man es sich denn tatsächlich bewusst, dass man als Ottonormalverzehrer von Pommes Frites mit Mayo und Ketchup schon zum erlesenen Kreis der Selbstmordaspiranten gehört? Wohl kaum. Das man als Kettenrauchender, versoffener und Tabletten schluckende Wicht dazu gehört, ist einem schon klar. Aber sonst? Und, viele haben ja auch gar nicht vor, auf diese Art und Weise ihrem Leben bewusst ein Ende zu setzen. Das sie so ein paar Jährchen früher als normal von dannen scheiden werden, ist euch zwar schon klar. Aber Selbstmord? Sollten es einige von euch planen, auf diese Art und Weise Adieu zu sagen, denen muss man schon sagen, dass sie wahrlich einen langen Atem haben müssen. Denn es ist beim besten Willen nicht erwiesen, dass man zwecks dieser Methoden auch definitiv früher stirbt. Man kann selbst ein Leben lang geraucht haben, aber deshalb trotzdem an Altersschwäche und nicht an Krebs sterben. Alles ist bei dieser Methode relativ. Wenn Ihr Zeit und Muße habt, probiert es halt aus. Aber ansonsten erwartet keine Wunder, nur weil ihr ein ungesundes Leben führt.

Konsequent nicht zum Arzt gehen

Der Gang zum Arzt. Die meisten von euch werden ihn hassen. Nicht nur, dass man ihn konsultieren muss, wenn es einem dreckig geht, nein, eklige, volle Wartezimmer mit übel riechenden Gestalten. Igitt, alleine schon bei dem Gedanken kommt einem das kotzen. Sinnvoll ist diese Methode nicht nur für diejenigen, die glauben – oder gar wissen, dass Sie erkrankt oder sogar ernsthaft krank sind. Nein, auch für diejenigen, die der Meinung sind, dass sie vor lauter Gesundsein kaum laufen können, könnte dies durchaus hilfreich, wenn nicht gar Erfolg versprechend sein. Denn die können nämlich schon lange Sterbenskrank sein, ohne auch nur einen schimmer Ahnung zu haben. Und wäre dies denn nicht eine herrliche Nachricht, wenn der Arzt sagt: Sie haben nur noch drei Monate zu leben! Und wenn ihr dann auf jegliche Behandlung verzichtet, Hurra, Hurra, Hurra! Viele Krankheiten müssten ja nicht zwangsläufig mit dem Tode enden, wenn rechtzeitig bzw. überhaupt ein Arzt konsultiert wurde.

Krankheit

Wenn ihr Krank und/oder und den ganzen Tag von Schmerzen geplagt seid, wer würde da nicht verstehen (OK, Ausnahmen gibt es da immer. Besonders in dieser Richtung von den selbsternannten Gutmenschen), dass ihr diesen Weg als eine Erlösung anseht. Das gilt vor allem, wenn ihr unheilbar Krank seid. Aber auch bestimmte Geisteskrankheiten steigern die Anfälligkeit für Selbstmord. Sehr gut ist hierbei, dass Pflegefälle nicht mehr der Allgemeinheit zur Last fallen. Krank. Krankheit. Was ist überhaupt Krank? Was heißt das denn? Nun ja, allgemein versteht man darunter eine Störung der Lebensvorgänge in einzelnen Organen oder dem gesamten Organismus. Diese drückt sich dann durch subjektiv empfundene oder objektiv feststellbare körperliche, seelische oder geistige Veränderungen aus. So, das muss jetzt aber als Erklärung reichen.

Eklige, ungesunde und fette Ernährung

Hier kann man eigentlich das über die Zigarettenraucher ge-schriebene eins zu eins übertragen, man ersetze nur Zigaretten durch eklige, fette und ungesunde Ernährung, und Schwupps, habt ihr schon das gleiche Ergebnis. Nur das auf dem Fraß, den ihr da so tagtäglich in euch hineinstopft, keine Warnung steht, wie z. B. dieser schöne Dreizeiler:

Achtung!
Fressen verursacht Fettleibigkeit.
Fette sterben früh!

Wie gesagt, auch hier braucht ihr in der Regel viel Zeit. Also ist auch diese Methode nur sehr bedingt zu empfehlen.

Beispiel AIDS

Es gibt natürlich auch die Möglichkeit des langsamen Selbst-mords, dem ein gewisser Kick vorherging. Diesen können sich nette, aufgeschlossene Herren in gewissen Etablissements bzw. bei gewissen exotischen Damen in noch exotischeren Orten, z. B. Bangkok oder Rio de Janeiro, holen. Für die Damen dieser Welt stehen dazu ebenso tolerante Schwarze in Südafrika oder auf Jamaika zur Verfügung. Viel davon hochgradig infiziert. Na, wenn das keine Alternative ist. Warum also an Alters-schwäche sterben? Natürlich muss man dafür nicht unbedingt weit reisen. Wer's besonders billig und abgewrackt liebt oder einfach auch nur ein Asi ist und nicht die entsprechende Kohle hat, kann sich natürlich auch Zuhause bei einer Nutte infizieren (bzw. dem männlichen Gegenpart). AIDS. Jeder kennt das Wort und jeder spricht darüber. Wenn auch heute nicht mehr so häu-fig wie früher. Aber war nicht früher ohnehin alles besser? Nun ja. AIDS ist eine weltweit verbreitete Allgemeinerkrankung, die nach unterschiedlich langer Latenzzeit oft erst Jahre nach er-folgter Ansteckung zum Ausbruch kommt und sich in einer fortschreitenden Schwächung des körpereigenen Immunsystems äußert. Frühe vorübergehende Anzeichen einer Infektion kön-nen u. a. Fieber, Schwitzen, Schlappheit, Übelkeit, Durchfall und Appetitlosigkeit sein. Mit dem Ausbruch der eigentlichen Krankheit wird der Infizierte zunehmend anfällig für eine Vielzahl von Parasiten, Pilzen und Viren, und es kommt vermehrt zu opportunistischen Infektionen wie Lungenentzündungen, Pilzinfektionen, Tumoren der Haut sowie durch Befall des Zentralnervensystems zu neurologischen Befunden wie Lähmungen, Psychosen und schließlich zu Demenz. Der große Vorteil von AIDS: eine Heilung der Krankheit ist bisher definitiv nicht möglich. Der Nachteil ist aber, dass zumeist erst Jahre vergehen, bis das der Tod euch erlöst.

Zu Tode rauchen

Die Wahrscheinlichkeit eines Rauchers, eines schönen Tages an Lungenkrebs oder irgendeinem anderen Krebs zu sterben, ist zwar deutlich höher als die eines Nichtrauchers, birgt aber dennoch das Risiko, dass man trotz Kettenrauchens durchaus Steinalt werden kann. Denn die nette Warnung auf den Zigaretten-, Zigarren- und was weiß ich für Packungen mit dem netten und immer wieder lustigen Spruch "Rauchen verursacht Krebs" weist letztendlich nur daraufhin, das, wenn man diesem Hobby bzw. Laster frönt, die Gefahr eines vorzeitigen Ausscheidens dadurch erhöht wird, aber das war es dann auch. Wenn ihr alle Zeit der Welt habt, könnt ihr natürlich versuchen, euch derart umzubringen. Eine schnelle Lösung stellt dies aber nun beim besten Willen nicht dar. Und keine Garantie.

Letzte Möglichkeit: Einen Auftragsmörder engagieren

Wenn man absolut der Meinung ist, dass man es beim besten Willen nicht selbst geregelt bekommt, sich umzubringen, gibt es als immer noch die Möglichkeit, einen Auftragsmörder zu engagieren. Kleines Problem könnte da nur die Verfügbarkeit ergeben. Es sei denn, ihr seid es gewohnt im kriminellen Milieu ein- und auszugehen oder ihr habt selbst z. B. schon mal als Söldner eure Brötchen verdient. Eine andere Möglichkeit könnte darin bestehen, dass ihr irgendwelche mordende Psychopaten kennt. Das heißt, es ist alles andere als einfach, ohne connections so jemanden zu finden. Außerdem kommen noch andere Probleme hinzu. Wie zuverlässig ist die angeheuerte Person? Mögt Ihr die gewählte Methode? Was ist, wenn ihr wieder im Krankenhaus aufwacht? Könnt Ihr den Auftragsmörder überhaupt bezahlen? Sorry, aber ich habe leider überhaupt gar keine Ahnung, was so etwas kosten könnte. Macht er sich vielleicht schon vor getaner Arbeit mit eurer Kohle aus dem Staub? Und was dann tun? Ihr werdet ihn ja wohl kaum dafür anzeigen können? Ich denke, erst wenn ihr alle diese Fragen beantworten könnt, kommt diese Möglichkeit in Betracht. Ansonsten rate ich schlicht und einfach dazu, in die Hände zu spucken und die Sache selbst in die Hand zu nehmen.

Teil 6 – „Danach"

Jetzt ist fast schon Schluss. Aber auch nur fast. Der sechste und letzte Teil widmet sich den allgemeinen Dingen rund um das Thema Tod, die mehr oder weniger immer einen Betreffen, egal ob man nun freiwillig oder zwangsläufig aus dem Leben scheidet.

Die Hinterbliebenen

Tja, die Hinterbliebenen. Mein Gott, die sind ja auch noch da! Das sind vielfach die, die euch ein Leben lang missachtet oder gar verachtet haben, aber trotzdem irgendwie mit euch Verwandt, Bekannt oder Befreundet sind. Die einen von euch hatten sie völlig verdrängt, die anderen sahen sie als Motiv. Was bekommen die denn nun von euch? Sollen sie denn überhaupt etwas bekommen? Also ignorieren oder beachten? Verdient haben es die meisten sicherlich nicht. Ein Testament könnt ihr schreiben, wenn ihr sie denn bedacht habt bzw. wenn ihr denen überhaupt etwas hinterlassen wollt – oder widmet ihr dem ganzen Pack doch lieber nur einen Abschiedsbrief? Dazu gehören ja in der Regel nicht nur die Buckelige Verwandtschaft oder die lachenden Erben, die euch oftmals ohnehin zeitlebens einen Scheißdreck interessiert haben, dazu könnte ja auch euer Hund, die Schildkröte oder der Wellensittich gehören. Wenn Ihr jemanden ganz besonders noch über den Tod hinaus ärgern wollt, vererbt denen doch alles. Oder widmet denen den Abschiedsbrief. Voraussetzung für das alles ist natürlich, dass ihr überhaupt irgendwelche Hinterbliebenen habt. Aber selbst die Einsiedler unter euch werden sich sicher an irgendjemanden erinnern, der auf die eine oder andere Art mit euch befreundet, bekannt oder gar verwandt war bzw. ist.

Das Testament

Eigentlich hatte ich ursprünglich vorgehabt, euch eine Art Standarttestament zu schreiben, was Ihr dann – mehr oder weniger – eins zu eins hättet übernehmen können. Aber da ist mir inzwischen eine viel bessere Idee gekommen. Immer diese hin- und her Überlegerei, wem vererbe ich was, wer bekommt das. Völlig unnötig! Ich sehe nur eine wirklich gute Lösung für euer Dilemma. Ihr setzt schlicht und einfach **MICH** als euren Erben ein. Und ich würde mich wirklich sehr darüber freuen, das könnt Ihr mir schon glauben. Übrigens müssen folgende Dinge für ein Testament vorausgesetzt sein, damit alles reibungslos funktioniert. Was jetzt kommt, ist übelstes Juristendeutsch, wenn auch von mir ein wenig vereinfacht, aber dennoch recht dröge zu lesen. Also nur etwas für speziell interessierte:

Ein Testament ist die einseitige Verfügung des Erblassers über den Nachlass, geregelt in §§ 2064-2273 BGB. Fähig, ein Testament zu errichten, sind nur Personen, die das 16. Lebensjahr vollendet haben und weder entmündigt noch geistig gestört sind. Trotz der kleinen Vorurteile, die ich euch Kandidaten gegenüber ja habe, hoffe ich doch mal, dass das nur auf eine verschwindende Minderheit von euch zutrifft. Ehegatten können ein gemeinschaftliches Testament errichten. Das Testament kann die Einsetzung eines oder mehrerer Erben, Ersatzerben oder Nacherben sowie eines Testamentsvollstreckers, eine Enterbung, ein Vermächtnis und/oder eine Auflage enthalten. Es muss vom Erblasser persönlich, und zwar mündlich oder schriftlich vor einem Notar (öffentliches Testament), oder durch eine eigenhändig handschriftlich geschriebene und unterschriebene Erklärung (eigenhändiges Testament) errichtet werden.

Der Abschiedsbrief

Der Abschiedsbrief kann eigentlich völlig unbeeinflusst vom Testament gesehen werden, haben diese beiden Dinge doch nur das eine gemeinsam, dass sie sozusagen eure letzte Nachricht darstellen. Daher sollte euer letztes Wort an die Menschen, die ihr liebt, hasst oder einfach nur verachtet, recht gut gewählt werden. Es hat zumeist eine relativ hohe Bedeutung. Der Abschiedsbrief ist eigentlich eine sehr persönliche Sache. Eigentlich? Nur, was ist, wenn einem partout nichts einfällt? Oder, wenn man absolut keine Lust hat, sich überhaupt etwas einfallen zu lassen? Hier also der Versuch bzw. ein paar nette, wohlgemeinte Vorschläge, verschiedene Abschiedsbriefe einfach hier aus diesem weisen Werk übernehmen zu können. Natürlich gibt es da, je nach Gemütszustand der Betreffenden Person, entsprechende Unterschiedlichkeiten. Das schönste an einem Abschiedsbrief ist ja, dass sich die Angesprochenen ja nicht mehr wehren können.

Ideen bzw. Vorlagen für einen Abschiedsbrief

Unterschieden werden können Abschiedsbriefe nach äußerst verschiedenen Gesichtspunkten. Möchte man Beispielsweise als der nette Mensch in Erinnerung behalten werden, der man war – oder glaubt, gewesen zu sein – oder möchte man beleidigen und/oder zuletzt noch einmal so richtig schmutzige Wäsche waschen? Daher jetzt ein paar Anregungen, was man so Thematisieren kann:

- Entschuldigungen
- Sie können Anklagend sein (z. B. die böse Schwiegermutter)
- Es kann aber auch bei euch eine Krankheit vorliegen
- Oder man ist halt illusionslos, hat halt eben einfach keine Lust mehr

Ohne Zweifel gibt es durchaus noch eine Vielzahl mehr Gründe, aber ich will es ja auch nicht gleich übertreiben. Es werden auch hier keine Ergüsse geliefert (dazu bin ich auch, ehrlich gesagt, auch gar nicht in der Lage), sondern nur, wie gesagt, Anregungen, die allerdings – je nach Lust und Laune – von euch auch eins zu eins übernommen werden können.

Wenn ihr einen Grund (oder mehrere Gründe) angeben wollt, warum ihr Schluss gemacht habt oder weil es schlicht und einfach auch stilvoller ist, als vorletzte Aktion einen Abschiedsbrief zu schreiben, auch hier wieder einige mehr oder minder weise Ratschläge. Leider gibt es bei einem Abschiedsbrief noch keine Standardvorlage wie bei einer Bewerbung, darum habe ich mir dann einige Gedanken gemacht. Mit diesen Briefen kann jeder Angesprochen werden, dem man einen Abschiedsbrief hinterlassen möchte. Da ich über die persönliche Situation jedes einzelnen ja nichts weiß (und sie mich eigentlich auch gar nicht interessiert, um nicht zu sagen, mir am Arsch vorbeigeht), können meine Vorschläge nur richtungweisend für ein paar letzte Zeilen von euch sein. Hier also drei unterschiedliche Versionen:

Der nette Abschiedsbrief

Liebe(r) xy

Oder auch

Meine Liebe(n),

wenn du (ihr) diese Zeilen ließt, dann werde ich schon von euch gegangen sein. Seid bitte nicht traurig und versucht, meine Entscheidung zu akzeptieren. Es ist mir wirklich nicht leicht gefallen, aber – mir blieb in Anbetracht der tragischen Umstände – ihr wisst, ich bin unheilbar Krank – keine andere Möglichkeit mehr übrig. Die unsagbar großen Schmerzen, die mich nun seit vielen, vielen Wochen quälen, werden von Tag zu Tag stärker und somit unerträglicher. Ich habe versucht, sie zu ertragen, doch letztendlich wurden sie derart groß, dass das Leben für mich keinen weiteren Sinn macht. Bitte verzeiht mir, aber ich konnte definitiv nicht anders handeln.

Ich Liebe Dich (euch).

Euer

    xyz

Für die religiösen Menschen unter euch ist z. B. noch ein recht schöner ergänzender Satz:
„Es ist für mich kein Ende, es ist für mich ein neuer Anfang."

Der weniger nette Abschiedsbrief

Hallo Ihr Schmarotzer, Parasiten, Schweine, etc. (denkt euch irgendeine Beleidigung aus, nur Beleidigend sollte es halt sein)

mein Gott, was bin ich froh, jetzt nicht mehr unter euch zu sein. Dieser widerliche Anblick übel riechender Kreaturen, die ihr seid. Ohne jegliches Recht auf Existenz weilt ihr auf Erden. Niemand hat das so wenig verdient wie ich. Was habe ich es immer gehasst, von Gestalten wie euch umgeben zu sein. Ekelhaftestes Untermenschentum (da kann man auch ruhig mal das Vokabular des dritten Reichs übernehmen, denn schließlich will man sich ja keine Freunde mehr machen). Ich konnte euch einfach nicht mehr ertragen. Usw. Usw.

Ich hasse Dich (euch).

Dein (Euer)

    xyz

Der einem eine Schuld in die Schuhe zu schiebende Abschiedsbrief

Hallo du/sie xyz,

wenn du diese Zeilen liest, dann bin ich tot. Und wer ist Schuld? Du! Schlicht und einfach du. Dein impertinentes Gehabe, deine Art hätte mich entweder Wahnsinnig gemacht oder in den Tod getrieben. Da ich ersteres nicht werden möchte, habe ich mich für den Tod entschieden. Dies musste ich tun, solange ich noch einigermaßen Herr meiner Sinne war. Oh, was hatte ich doch für ein schönes Leben, bevor du darin eingetreten bist! Aber du hast mir alles vermiest! Alles, was ich schön fand, fandest du hässlich. Alles, was ich geliebt habe, hast du gehasst. Gott, was bin ich froh, dass nicht mehr miterleben zu müssen. Frei. Endlich Frei.

Und du bist Schuld!

Dein (Euer)

xyz

„Abschiedsbrief" per Video oder DVD

Schreiben müsst ihr übrigens nicht zwangsläufig. Als Alternative zum schreiben habt ihr auch die Möglichkeit, mit einer Kamera euch selbst aufzunehmen, ein paar bewegende Worte zu sprechen und dies dann auf Video oder DVD zu bannen. So bleibt ihr der Nachwelt so in Erinnerung, wie ihr immer ward.

Abschiedsgeschenk

Das Abschiedsgeschenk ist ein kleiner Tipp von mir. Was Ihr schenkt, bleibt natürlich euch überlassen. Vor allem auch, wem ihr etwas schenkt. Dies muss natürlich schriftlich niedergelegt werden, es sei denn, ihr habt ohnehin ein Testament gemacht und dort auch eine Art von Geschenkliste erstellt (was ein Testament ja eigentlich irgendwo immer ist – es sei denn, man hat Schulden ohne Ende am Arsch). Oder aber Ihr verschenkt schon vorher alles Mögliche an „die Lieben". Allerdings besteht dabei das Risiko, dass diese vielleicht etwas ahnen könnten und eventuell versuchen, gegenzusteuern und auf euch näher einzugehen. Das kann sich positiv, aber auch negativ für euch auswirken. Positiv, weil man euch ja noch nie ausstehen konnte und ihr darüber hinaus noch einen Haufen Kohle habt, Negativ, wie ihr ja tatsächlich auf irgendeine Art und Weise beliebt seid – oder irgendwelche Warmduscher haben schlicht und einfach nur Mitleid mit einer armseligen Kreatur – und versuchen euch mit aller Gewalt – und das ist durchaus wörtlich zu verstehen, von eurem Vorhaben abzubringen. Also, immer schön vorsichtig sein sich so verhalten, wie man es immer macht. Dann sollte eigentlich niemand verdacht schöpfen.

Die Bestattung

Unter Bestattung versteht man die Abfolge, die eintritt, wenn ihr den Löffel abgegeben habt. Dazu gehören das Aufbewahren, das Waschen und Herrichten eures Leichnams. Ihr werdet geschminkt, neu eingekleidet und aufgebahrt. Zuletzt dann beerdigt. Aber habt ihr euch schon mal Gedanken gemacht, wie ihr denn dann unter die Erde (oder sonst wohin) gebracht werdet? Wenn nicht, so kann ich euch folgende Bestattungsvarianten zur Auswahl anbieten.

- Erdbestattung: darunter versteht man die Beisetzung des Leichnams in einem Grab in der Erde. Für die Bestattung einer Leiche in der Erde die Verwendung eines Sarges vorgeschrieben.
- Feuerbestattung: darunter versteht man in die Verbrennung der Leiche in einem Krematorium und die anschließende Beisetzung der Asche in einer Urne.
- Seebestattung: darunter versteht man die Beisetzung der Asche eines Verstorbenen auf See.
- Luftbestattung: Darunter versteht man die Verstreuung der Asche in der Luft (z. B. von einem Ballon aus)
- Vermachen des Leichnams: darunter versteht man das Übergeben des Leichnams an die Anatomie und/oder die Wissenschaft

Übrigens: den Gedanken, dass ihr euch - nur um Geld zu sparen – in eurem eigenen Garten verscharren lassen könnt, die könnt ihr schlicht vergessen. Da hat Vater Staat etwas gegen. Deutschland ist eines der wenigen Länder, in denen Menschen und deren Asche nur auf Friedhöfen beigesetzt werden dürfen. Dies nennt man den Friedhofszwang.

Die Beerdigung

Die Beerdigung ist letztendlich nur noch das unter die Erde bringen. Dann kommen alle, die euch mal gekannt oder gar gemocht haben. Schade eigentlich, dass ihr, obwohl ihr die Hauptperson und auch anwesend seid, nicht wirklich daran teilnehmen könnt. Übrigens: falls ihr gewisse Personen bei eurer Beerdigung nicht dabei haben wollt, stellt doch schon mal kurz vor eurem Ableben eine Liste der einzuladenden und nicht einzuladenden Personen zusammen. Und die Musik. Vergesst die Musik nicht. Was ist schon eine Beerdigung ohne Musik! Und auch das abschließende Buffet nicht vergessen. Nachdem die Teilnehmer sich Stundenlang die Beine in den Bauch gestanden haben, haben sie doch eigentlich eine Stärkung verdient. Oder lieber doch nicht? Ach, entscheidet doch selber.

Euer Grab – der Friedhof

Schon mal sich Gedanken gemacht, wo man denn die nächsten Jahre liegen möchte? Gut, in einem Grab, einer Erdgrube zur Bestattung der sterblichen Überreste eines Menschen, also auch von euch. Aber wie und wo exakt? Ein Einzelgrab, die Familiengruft, eine anonyme Bestattung? Was darf es denn sein? Bitte macht euch mal darüber so eure Gedanken. Und natürlich wo. Damit ist zum einen die Wahl des geeigneten Friedhofs gemeint, zum anderen habt Ihr unter Umständen sogar die Möglichkeit, euch auszusuchen, wo ihr dort begraben sein möchtet. Der Friedhof selbst ist ein „umfriedeter Ort", wo die Verstorbenen bestattet werden. Daher auch sein Name. So, jetzt macht euch mal auf die Suche.

Euer Sarg

Wenn ihr euch denn nun also für die sog. Erdbestattung entschieden habt, müsst ihr euch nun ein paar Gedanken um den Sarg machen. Der Sarg ist für die Beisetzung eures toten Körpers gedacht und den braucht ihr somit auf jeden Fall. Särge werden aus den unterschiedlichsten Materialen, zumeist aber aus Holzbrettern, gefertigt. Daneben gibt es auch Särge aus Steinkisten, aus Ton, Stahlblech, Pappe oder anderen Materialien, die heute für den Sargbau verwendet werden. Auch die Ausstattung eines Sarges kann durchaus stark variieren. In den Sarg kommt zuerst Füllmaterial, um die Leiche auf eine zur Betrachtung günstige Höhe zu bringen. Darüber wird eine Kunststofffolie befestigt, welche die Flüssigkeiten des auslaufenden Körpers auffängt. Zum Schluss können durchaus noch feine Tücher, Kissen usw. kommen. Hin und wieder wird auch eine Glocke mit in den Sarg gegeben, damit ein erwachender Scheintoter sich noch bemerkbar machen kann. Auf diese Beigabe könnt ihr allerdings explizit verzichten. Tja, aber was denn nun? Holz, Stein, Pappe? Und was für eine Preisklasse? Fragen über Fragen. Ihr kommt mit dem ganzen Prozedere, Bestattung, Sarg, etc. nicht weiter? Keine Bange, da gibt es doch Hilfe für euch. inhalts- und aufschlussreiche Auskünfte kann in diesem Fall – nein, nicht der Arzt oder Apotheker – sondern der freundliche Bestattungsunternehmer erteilen. Wendet euch einfach mit all euren Fragen vertrauensvoll an ihn.

Grabinschrift

Die sog. Grabinschrift, auch schlicht Grabspruch genannt, ist die letzte Chance, sich dauerhaft der Nachwelt mit einem schlauen Spruch bzw. einem schlauen Sätzchen der Nachwelt erhalten zu machen. Oh Gott, aber was für ein Satz? Ausdenken solltet ihr euch den schon selbst, weiß ich doch beim besten Willen nicht, was diese Worte sein sollen, welche Bedeutung sie haben sollen und wen sie ansprechen sollen. Für diejenigen, denen nicht einfällt, gibt es zum einen die Möglichkeit, es ganz zu lassen, zum anderen könnt ihr ja (unauffällig!!!) jemanden Fragen oder euch sonst wie schlau machen. Mein schlauer Spruch (oder auch meine Weisheit) wird lauten:

„Er war ein verkanntes Genie"

So, jetzt nehmt euch daran mal ein Beispiel und strengt ein bisschen euren Grips an. Oder versucht es wenigstens.

Warum?

Oh Gott, schon wieder „Warum?"! Wieso reitet dieser jämmerliche Schreiberling immer wieder auf diesem „Warum?" herum? Aber die Antwort des Schreiberlings auf diese Frage ist ebenso banal wie genial: stellen wir uns denn nicht alle die Frage nach dem „Warum"? So, jetzt geht mal für einen Augenblick in euch.

Fertig?

Dann kann ich ja weitermachen. Nun, die sinnlose Frage nach dem „Warum?" stellt sich nur nach dem Tode ein und nur bei denjenigen, die euch ohne hin nie verstanden haben. Und es wahrscheinlich auch nie werden. Euch selbst ist das „Warum?" vollkommen klar. Und, es geht eigentlich auch niemandem etwas an. Es ist eure ureigene Entscheidung, was ihr mit eurem Leben machen wollt. Und wenn es halt eben nichts mehr gibt und ihr meint, dass alles in eine Sackgasse gemündet ist, who cares? Entscheidet selbst, ob ihr der Nachwelt eure Gründe mitzuteilen gedenkt.

Hilfe zur Selbsthilfe

Natürlich gibt es auch bei Selbstmördern oder, bes. ges., bei solchen, die es gerne werden wollen, so genannte Selbsthilfegruppen. Da muss man allerdings schon recht intensiv die Spreu vom Weizen trennen, denn die meisten wollen euch natürlich bei eurem Vorhaben nicht nur NICHT behilflich sein, nein, diese üblen Menschen wollen euer Vorhaben auf jeden Fall verhindern! Diesen Widerlingen sollte man da schleunigst aus dem Weg gehen. Wenn man dann endlich das Gesuchte gefunden hat, ist natürlich die Qualität der Mitglieder dadurch ein wenig in Mitleidenschaft gesogen, weil diejenigen, die erfolgreich waren, leider nun mal nicht mehr unter euch weilen. Aber nichtsdestotrotz könnt Ihr „Bereiten" euch natürlich untereinander auszutauschen, z. B. – als Tipp „Numero Uno" sozusagen – über das Internet. Wäre doch mal ganz interessant für euch (zumindest für einige von euch, denke ich mal) zu erfahren, was die einzelnen in ihrem Leben so durchlebt haben, welche Motive sie haben und was sie noch so vorhaben bzw. was oder ob sie schon etwas Konkretes planen. Vielleicht kann man sich ja auf diese Art und Weise gegenseitig entsprechende Tipps geben, damit ein erster Versuch z. B. nicht von einem Misserfolg, sondern von einem durchschlagenden Erfolg gekrönt wird.

Bewertung des Selbstmords

Eigentlich steht es mir gar nicht zu, hier irgendeine Bewertung bzw. ein Urteil abzugeben. Aber da ich bisher zu alles und jedem irgendeinen Kommentar abgegeben habe, werde ich auch hier mal wieder meinen Senf dazu geben. Die ethische Bewertung des Selbstmords hat immer zwischen schärfster Verurteilung und Rechtfertigung, z. T. sogar Verherrlichung geschwankt (siehe z. B. beim Harakiri oder in verschiedenen Sekten). Das hat seine Ursachen u. a. in den verschiedenen Kulturen mit ihren völlig unterschiedlichen Normen und Werten. Da sich ja alle möglichen Leute völlig unabhängig von Alter, Privater und/oder finanzieller Situation usw. in allen möglichen Ländern und Kulturen zu allen Zeiten sich selbst das Licht ausgeknipst haben, ist hier eine Be- (oder gar eine Verurteilung) dieser Personen vorzunehmen völlig abwegig. Das folgende Beispiel zeigt – denke ich – die ganze Problematik klar und eindeutig auf. Zwischen den beiden Weltkriegen wurde in Spielbanken, v. a. in Monte Carlo, systematisch Selbstmord begangen. Es nahmen sich Personen, die ihr Vermögen beim Roulett verloren hatten, das Leben, weil es ihre Ehre nicht erlaubte, als Bankrotteur ihr bisheriges Leben weiterzuführen.

Kann man deshalb ein abschätziges Urteil fällen? OK, ich persönlich halte diese Reaktion – also den Selbstmord in einer solchen Situation – für etwas übertrieben. Aber gerade an diesem Beispiel kann man sehen, wie schwer eine Beurteilung ist, da ja jeder für sich selbst individuelle Prioritäten des Lebens und konsequenterweise des Endes setzt.

Wer früher stirbt, ist länger tot

Mir dieser überaus logischen Schlussfolgerung und dem Verweis auf ein besseres Leben hat man zwei durchweg gute Argumente bei der Hand, mit denen man notorischen Überredungskünstler und Weltenverbesserern argumentativ den Wind aus den segeln nehmen kann. Denn wer von diesen Herrschaften kann schon das Gegenteil beweisen? Außerdem ist es hier ja auch wie im richtigen Leben. Angenommen, ihr seid sehr hungrig und das nächste – sehr gute – Restaurant ist nur ein paar Minuten von euch entfernt. Da versucht ihr dann ja auch, möglichst schnell und zeitig hinzukommen. Oder nimmt da irgendjemand freiwillig extra einen Umweg in Kauf oder sagt zu sich selbst: „Was schert mich mein Hunger? Ich habe ja Zeit. Ich bin ja noch jung." Solche Eingeständnisse klingen da doch ein wenig realitätsfern, oder nicht?

Selbstmord – noch eine Art von Bewertung

Was ist Selbstmord denn nun eigentlich in unseren Breitengraden? Feigheit oder eine besondere Art von Heldentum? Oder beides zusammen? Ist er/sie nur ein in Selbstmitleid versinkender Schwachkopf? Oder ein über die Masse der Ottonormalbürger herausragender Mensch, fähig und mutig genug, Dinge zu tun, die sich sonst kaum einer trauen würde? Obwohl es viele auch gerne täten. Hierbei spielen natürlich Motiv, Art und Weise des Selbstmords, aber auch biologische, psychische und soziale Bedingtheiten eine große Rolle. Nur, hat ein Selbstmörder nun einen starken Charakter, weil er den Mut aufbringt, sich selbst umzubringen, oder einen schwachen, weil er vor dem Leben davonläuft? Die Beantwortung dieser Frage überlasse ich euch da selber. Nicht, weil ich mich vor einer Antwort drücken will, aber eine wirklich eindeutige Antwort gibt es da meiner Meinung nach nun einmal nicht.

Positive Aspekte des Selbstmords

Das Ableben einer Person – vollkommen egal ob nun freiwillig oder mehr oder weniger unfreiwillig – ist auf der einen Seite natürlich immer ein Verlust – für wen auch immer. Aber was für die einen ein Verlust ist, stellt wiederum für viele andere einen Gewinn dar. Bei den hier genannten positiven Aspekten des Selbstmords ist in erster Hinsicht natürlich der finanzielle Vorteil für die Gesellschaft hervorzuheben. Rentner, Arbeitslosengeld- und Hartz IV-Empfänger stellen nun einmal einen üblen Kostenfaktor für die Allgemeinheit dar und haben beim besten Willen keinen Nutzen für diese. Das gilt in abgeschwächter Form natürlich ganz Pauschal für alte, kranke und schwache. Und wer empfindet das vorzeitige Ausscheiden aus dem Leben von Unsympathen, Querulanten, Kotzbrocken, notorischen Nörglern usw. wirklich als einen Verlust? Ich weiß, für viele Menschenfreunde, Frauenversteher und sonstige Warmduscher hören sich diese Aussagen Menschenverachtend an. Sind sie ja auch zugegebenermaßen irgendwie. Nur tun sich diese selbsternannten Retter der Menschheit auch sonst oft genug schwer mit der Wahrheit. Vor allem, wenn sie ihnen nicht in den Kram passt. Des Weiteren ist auch – wenn die Quote entsprechend hoch ist – die Verringerung des Bevölkerungsüberschusses durch Selbstmord ein nicht von der Hand zu weisender positiver Aspekt. Dies trifft zwar nicht auf die Bundesrepublik Deutschland, aber ansonsten definitiv auf die meisten Staaten dieser unserer schönen Erde zu.

Vermeidung von Missverständnissen

Mit „Missverständnissen" meine ich hier speziell die Vermeidung von Irritationen bezüglich der Täterschaft. Man sollte also schon darauf achten, dass der Selbstmord auch wirklich wie Selbstmord aussieht. Ist man (damit meine ich den Arzt/Ärztin

bzw. die Polizei) nämlich der Meinung, dass hier ein Fremdver-
schulden, also besser gesagt ein Mord vorliegt bzw. vorliegen
könnte, bringt Ihr unter Umständen – sollte sich dass „Missver-
ständnis" nicht schnellstmöglich aufklären – ganz schön in die
Bredouille. Auf der anderen Seite könnte Ihr damit auch jemandem wirklich tierisch eins auswischen. Wen mögt Ihr denn so
am wenigsten und möchtet Ihr auf diese Art und Weise noch ein
nettes Abschiedsgeschenk hinterlassen?

Der Tod - Ein endgültiges Ende oder ein neuer Anfang?

Auch hier sollen jetzt keine philosophischen oder gar religiösen
Betrachtungen angestellt werden. Letztendlich kann es ja auch
egal sein, ob etwas "danach" kommt oder auch nicht. Der
Beweggrund bzw. die unterschiedlichen Beweggründe für den
Selbstmord bestehen ja nicht darin, ein neues sinnvolles Leben
zu beginnen, sondern ein vollkommen sinnloses und überflüssi-
ges Leben zu beenden. Zumindest bei den meisten von euch.
Aber Ausnahmen von der Regel gibt es ja immer. Und Tod, was
ist das überhaupt? Gut, der Tod ist gekennzeichnet durch den
unumkehrbaren Verlust der für ein Lebewesen typischen Le-
bensfunktionen. Aber die glauben viele von euch jetzt auch
schon nicht mehr zu spüren.

Das Sterben

Der Tod ist übrigens nicht zu verwechseln mit dem Sterben, das
einen Teil des Lebens darstellt. Das Sterben ist die Zeit am
Ende eines Lebens, die den Übergang zum Tod darstellt. Wobei
der Zeitraum des Sterbens vollkommen unterschiedlich sein
kann oder halt unterschiedlich interpretiert wird.

Das Sterben läuft in der Regel in folgenden Phasen ab:

  1. Einschränkung der Wahrnehmung durch verringerte
     Hirnaktivität

2. Die Atmung wird flacher
3. Das Sehvermögen wird schlechter
4. Das Hörvermögen funktioniert nur noch eingeschränkt
5. Das Augenlicht erlöscht völlig

Hm, bis hier erinnert das alles eher an die letzte Party oder an den letzten feuchtfröhlichen Umtrunk. Da treten auch immer solche Symptome auf. Und wenn dann das Augenlicht bei euch erloschen ist, seid ihr nur einfach tief und fest friedlich entschlummert. Beim sterben sieht es also ähnlich aus, nur dass ihr am Morgen danach nicht mehr aufwacht.

6. Herzstillstand, unmittelbar gefolgt vom
7. Gehirntod

Anschließend beginnt die Zersetzung des Körpers, wobei das Gehirn den Anfang macht. Andere Organe, wie z. B. Niere und Knochenmark, arbeiten teilweise noch stundenlang weiter.

Die Organspende

Ja, viele der Organe arbeiten noch Stundenlang nahtlos weiter. Aber auch der Rest kann, je nach dem, in welchem Zustand er sich befindet, wieder verwendet werden. Und was haltet Ihr davon, durch euren Tod doch noch einen wirklichen Beitrag zur Gesellschaft zu leisten? Geht nicht? Denken jetzt viele von euch. Irrtum. Natürlich geht das. Wie im sonstigen Leben auch heißt es: Geht nicht, gibt's nicht! Eine Organspende ist – fast – immer drin. Unter einer Organspende bezeichnet man das zur Verfügung stellen von Organen zu einer Transplantation. Keine Bange, die Organspende findet erst nach dem Tod statt (zumindest in der Regel).
Folgende Organe bzw. Gewebe können z. Zt. transplantiert werden (in alphabetischer Reihenfolge):

- Bauchspeicheldrüse
- Blutgefäße
- Darm
- Gehörknöchelchen

- Haut
- Herz
- Herzklappen
- Hirnhaut
- Hornhaut (der Augen, nicht die der Füße. Geht zwar auch, ist aber nicht wirklich von Nutzem)
- Knochengewebe
- Knorpelgewebe
- Leber
- Lunge
- Niere
- Sehnen

Voraussetzungen für die Verwendung eurer Organe sind der sichere Todesnachweis und euer Einverständnis. Dies kann z. B. durch einen Organspendeausweis erklärt werden.

Die neue Inkarnation – Reinkarnation

Jetzt ist zwar das Buch fast aus, aber ihr könnt ja jederzeit zu einem neuen greifen. Vielleicht sieht das ja auch so mit dem Leben danach aus. Falls man denn reinkarniert wird und es somit überhaupt ein Leben danach gibt. Und auch hier, kurz vor dem Ende des Buches, will ich nicht mit der Regel brechen, u. U. komplizierte und/oder unbekannte Worte zu erläutern. Der Begriff Reinkarnation (lat. Wiederfleischwerdung) bezeichnet die Idee, dass die menschliche Seele nach dem Tod auf dieser Erde oder anderen Existenzbereichen wieder als empfindendes Wesen geboren, also inkarniert wird. Für die einen mag das ja eine gute Nachricht sein, das Leben danach. Eine neue Chance sozusagen. Neues Spiel, neues Glück. Für die anderen heißt das vielleicht ja auch nur: mein Gott, jetzt fängt der gleich Scheiß ja wieder von vorne an. Nun, da kann ich euch trösten, das wird in keinem Fall so sein. Man wird definitiv als jemand anders wiedergeboren. Es wird sich also absolut nichts so darstellen, wie in eurem jetzigen Leben. Obwohl es natürlich parallelen und/oder Ähnlichkeiten geben kann. Aber wie heißt es so schön beim Film: Ähnlichkeiten mit noch lebenden Personen sind rein zufällig und nicht beabsichtigt. Oder so ähnlich.

Nur ein endloser Tiefschlaf?

Die Antwort auf die Frage, ob es denn nun ein Leben danach gibt, die kann ich also leider beim besten Willen nicht geben. Vielleicht ist es so, vielleicht aber auch nicht. Ich denke mal, die Menschheit oder ein großer Teil davon kann sich nicht mit ihrer Endlichkeit abfinden und versucht auf diese Art und Weise, diesem zumindest gedanklich und emotionell entgegenzusteuern. Die unbequeme Antwort, dass der Tod nichts anderes als ein endloser Tiefschlaf ist bzw. sein könnte, wollen nur wenige hören oder gar sich eingestehen. Da glaubt man doch schon lieber an ein etwas danach, was immer es auch sein mag. Was nun schwerer wiegt, die Angst vor dem Nichts oder die Angst vor dem unbekannten, da kann nur die eigene Psyche für einen selbst die Antwort geben. Wenn es denn eine Antwort gibt.

Schlussbetrachtungen

Diesen nun allerletzten Abschnitt hätte ich jetzt eigentlich noch, schon um eine stringente Reihenfolge einzuhalten, Teil 7 nennen müssen. Da ich aber selbst auf meine letzten röchelnden Worte bzw. Ausführungen in diesem Abschnitt nicht wirklich allzu großen Wert lege und da mich ja doch irgendwie mein Gewissen geplagt hat, diese Zeilen zu schreiben, habe ich es dann doch mal gelassen. Und außerdem ist er inhaltsmäßig viel zu klein geraten, um ihn „Teil 7" nennen zu können.

„Verhütung" von Selbstmord

Das auf die Frage, wie man Selbstmord verhüten kann bzw. wie er sich verhüten lässt, hier in diesem Buch keine Antwort gegeben wird, versteht sich, glaube ich, von selbst (ist ja auch schließlich kein Buch über Verhütung). Zur Beantwortung dieser Frage haben sich schon genug andere, zumeist irgendwelche Psychologen oder Soziologen, Menschen also, die selbst oftmals auch dringend ärztliche Hilfe benötigen, berufen gefühlt (mit einem zumeist äußerst kümmerlichen Erfolg übrigens).

Suizidprävention

OK, jetzt schwächele ich vielleicht doch ein wenig. Oder der Zyniker in mir wird gerade von meinem Gewissen beiseite gedrängt. Aber hier doch noch mal ein paar Ausführungen, wie einem möglichen Selbstmord vorgebeugt werden kann. Oftmals wird ein Selbstmord vorher angekündigt. Einschlägige Warnungen sollte man daher ernst zu nehmen. Potentielle Selbstmörder finden meist niemanden mit dem sie über diese Gedanken sprechen können. Dafür gibt es z. B. die Telefonseelsorge. Außerdem gibt es ja noch das Internet, Foren, etc. So, dass muss jetzt aber reichen!

Noch mal „Verhütung"

Ich lege allerdings entschieden Wert auf die Feststellung, dass dieses Buch nicht den geringsten Einfluss auf den Selbstmord als solches haben wird und haben soll, da es sich hier beim besten Willen **nicht** um einen Aufruf zu diesem handelt. Es geht hier lediglich um das persönliche Recht des einzelnen, ein freiwilliges Verlassen der herkömmlichen Lebensbahn zu verteidigen. Selbstmord bekräftigt auch die Freiheit, die Würde und das Recht auf Glück. Und zwar so, wie jeder es individuell versteht. Dabei handelt es sich hier allerdings nur um meine persönliche Meinung, die nun wahrlich nicht jeder mit mir teilen muss. Es wird des weiteren Wert darauf gelegt, dass sich nach dem Lesen dieser Lektüre die Zahl der Selbstmorde aus den eben genannten Gründen gar nicht erhöhen kann. Es sei denn, man findet das Buch so derartig schlecht, dass darüber aus Verzweiflung den Tod sucht. Denn, kann es noch schlimmer kommen?

Nachwort

Okay. So ganz ernst gemeint ist mein „Werk" – ich will es (in aller Bescheidenheit natürlich) auch bis zum Schluss so nennen – natürlich nicht gemeint. Es stellt – wie bereits schon mehrfach Erwähnt – mit Sicherheit keine Aufforderung zum Selbstmord dar. Es sei denn, man findet mein Geschreibsel so Grottenschlecht, dass man – sozusagen aus lauter Panik oder aus schlichtem Frust über die Jämmerlichkeit der Menschheit auf Erden – sich den Rest gibt. Na gut. Schade wäre es ja nicht um euch. Nichtsdestotrotz, es war mir ein Fest, dieses Buch zu schreiben. Wirklich umbringen wird sich deshalb ja niemand. Und wenn doch, was soll's!